定、靜、安、慮、得

人生禪學簡單入門課

歐陽翰‧劉燁 著

U0082299

崧燁文化

目錄

解禪

生命篇

處世篇

善惡篇

心態篇

觀念篇

修持篇

解禪

禪是什麼？

禪是一種文化，是一種高深的智慧，是一種心靈的深層體驗，是生命存在的另一種狀態。它既面對現實，又超越現實；既肯定理性，又超越理性。

禪道自然，禪是無處不在的，關鍵在於我們如何用心靈去體會感悟。禪對我們的日常生活，對自然事物，有很深的理解和尊重。因此，我們可以利用禪來改善自己的生活，用它來洗滌心靈的塵埃。一旦心靈中閃耀著禪的智慧之光，自己便會變得曠達灑脫，活得自由自在。

從某種意義上說，禪是理解現實人生的一把特殊鑰匙。而禪其實就在我們身邊，即我們自心的本性。但是，由於現代社會高度緊張的生活節奏、沉重的生活壓力和充滿競爭氛圍的生存危機的影響，人們往往忽略了自心本具的長青之樹、不老之泉。從而，我們就難以從日常生活中去體會那充滿趣味的禪機。

本書精選了若干經典而具有現實意義的禪宗小故事，每個故事就是一道頓悟的光芒、一泉沁心的泉水。讓大家在每日的一則故事中，能緩解一天的勞頓，從中體會出生命的意義，並得到一個靈感的契機，使你被氤氳矇蔽的心靈豁然開朗。

禪學太深，難以言盡。而它確是對生命完整意蘊的領悟，是撫平、慰藉生活在喧鬧塵世中人們心靈的一劑良藥和指點迷津的明燈，更是人生智慧的最高體現。它可以將我們心靈中的迷惑和汙跡一掃而光，並使我們在不斷地禪悟中擁有一個美好而快樂的人生。

生命篇

　　生命是所有財富中最珍貴的。因而，人們必須珍惜瞬間，著眼於現在，從順應自然中去獲得適意的人生。並且好好地、積極適意地生活於當下，便可超越死亡，實現生命的延續。

█生死由他

　　寶覺禪師是一位得道高僧，在將要辭世示寂之時，他把所有弟子全都叫到身邊，向他們宣布自己世緣的時限將至。

　　眾弟子在聽完禪師的話後，紛紛勸慰他，言辭各異：有的說師父的法體仍很健康；有的弟子以還需師父指導為由對他予以挽留；甚至有人要求禪師能常駐世間為眾生說法。

　　此時，其中一位弟子朗聲說道：「時限若已到，生死由他去好了。」

　　禪師聽後，哈哈大笑一聲說道：「你所講的便是老衲的肺腑之言。」隨即雙腿一盤就圓寂了。

　　禪道是不離生死而又超越生死的。一般的俗人大多是好生悲死的，而在禪者看來卻是不生不滅的。一旦能真正參悟生死，那麼在他們面對生死之時，定會多了份常人難以想像的灑脫與坦然。

█飛越生死

　　慧原禪師座下的學僧南利心想，其他一些同參的人均對禪有一定心得了，但是自己始終不能入門，於是產生了自身沒有資格學禪的念頭，並決定去做一個苦行僧。

　　在與禪師道別之時，禪師頗感驚訝，問他為何還沒達到覺悟便要走。南利說同參道友都已回歸根源，可自己無論怎樣努力，就是不能有所悟知，看來是因緣不合的緣故。

　　禪師在聽完他的訴說後，心知他有點急於求成的意思，便點化他一心修自己的禪道就好，而不要去與別人攀比。

其實，南利心裡早已將自己和其他同參之人比擬為小麻雀與大鵬鳥了。那大鵬鳥一展翅幾百里便飛越了過去；而小麻雀似乎只能囿於幾丈的草地而已。

禪師真沒想到他的學僧會這樣想，就意味深長地說道：「大鵬鳥雖然一飛能過百里，但牠仍沒能飛越生死啊！」

南利聽後似乎從中有所領悟。

作為禪者，悟知的最高境界能超越生死，而南利那些道友所謂的回歸根源，無非是有了一些普通的悟知罷了，禪學博大精深，但只要精於道業上的修持，定能從中大有收益。

生與死

每個人都十分關注生死之事，從佛學上講，只有真正領悟了生死之事，達到了佛的崇高境界，方可稱之為「佛」。

於是，有人向禪師請教關於生死的事情。

禪師輕言道：「你死過嗎？」

那人聽後十分驚詫，一時呆若木雞，無言以答。

禪師看出了他的困惑和不解，說道：「要想明生死之事，只有親自去體會才能知曉。」

這下，那人就無語了。

其實，生死之事得順其自然，它作為一種自然規律，必定會在該來的時候來臨。只有看透了生死，將死視為一種必然，並珍惜當下，珍惜現在，才能在死亡來臨時坦然面對。

▌生死燭光

人們似乎對「佛死後的去處」這個問題特別感興趣，於是一次次地尋問佛陀。

為了滿足人們的好奇心，一日，佛陀拿了一支小蠟燭，便對大家進行講解。隨即點燃了那支蠟燭，而他的弟子生怕蠟燭被風吹滅，用手予以遮掩。

此時，佛陀發話了，「該滅的自然會滅，遮掩又有何用。就像死，它本身就是自然規律的表現。」

一會兒，蠟燭就被風吹滅了。然後，佛陀又說道：「蠟燭熄滅，它的光去向了何處，佛死後也將到那裡去。同樣是消滅，但光逝燭在，因為燭身為一個整體，佛也一樣。」

方生方死，方死方生。人的生死乃一種自然規律，只有淡然地去看待生死，並於有生之年有所成就才是最重要的，如此，即使死後，聲名可傳頌後代。

▌活著的目的

從前，有個人在童年時見證了母親自殺身亡的一幕，因而在自己的內心深處蒙上了一層難以抹去的陰影。

真是禍不單行，在他十五歲時，又遭受了弟弟去世的苦痛打擊。親人接二連三的死亡導致他形成了一種錯覺：「死亡才是人的最終去處。」

接著，他自己也以各種方法嘗試死亡，但每次均以獲救而告終。想尋死都不可能，這越發增加了他心中的痛苦。

一日，一位禪師化緣經過他家，見他神情萎靡，便勸慰他說：「你得自救啊，可以每日坐禪，雖然坐禪本身沒用。」

那人聽後，頗為困惑：禪師是不是糊塗了，叫我去坐那沒用的禪。隨即便請示禪師。

禪師回答得十分玄妙：「因為無用，所以才要坐禪。」但那人聽後頓時醒悟：「人活著也不是為了用處，而是為了生存。」

死亡容易，生存卻難。人們不必為死亡擔驚受怕，死亡要來，擋也擋不住。只有很好的生存才是最重要的。自己對自己負責，珍惜當下，把握現在，如此才能鑄就完美的人生。

沒有時間老

大智禪師是佛光禪師的弟子，他四處參學了二十年，以遊歷來達到對禪的開悟。

終於，他在禪學上小有所成，便回去看望師父。

一見到師父，急忙問候師父的法體是否安康。

佛光禪師點了點頭，說道：「每日講學說法，著述抄經，忙得不亦樂乎。」

大智聽後，十分詫異，既然師父每天這麼忙，但怎麼就不見師父顯老，甚至與二十年前沒有太大變化。

師父很快就看破了大智的心思，哈哈大笑一聲，說道：「我沒有時間老啊！」

衰老本身指的是青春不再的落寞和朝氣盡消的沉淪，逐漸褪去生機、逼近死亡。

身會衰老，但心可不老，永保一顆年輕的心，定會青春永駐。另外，對鍾愛事業的全神貫注，讓自己在生活中備感充實，就更難以讓自己變得衰老了。如此看來，可真是沒有時間老啊！

▋來去都是錯覺

從前，在一個人快臨終的時候，禪師來到了他的床前，問他是否需要引導。

臨終的人聽了，反問禪師道：「我一個人來，也是一個人去，您能給予我什麼引導呢？」

禪師沉默了一會，輕聲說道：「來了又去不過是一種錯覺而已！我還是指一條既無所謂來也無所謂去的路給你吧！」

臨終的人似乎在冥冥之中看清了這條路，於是面帶微笑上路了。

常人總對生死具有一種困惑，臨終之人的這種困惑更為強烈。而那位臨終之人在禪師的點化後，對於生死獲得了解脫，因而安詳而逝。

雖說生源於自然，死回歸自然，但要想真正看破生死又談何容易。人們應當經常擁抱自然，不斷從大自然中體會出生命的真諦，並且珍惜有生的時光，便可不知不覺地淡化生死的煩惱，生活也會充滿無窮的生機。即使在死亡來臨之時，也能夠十分坦然地面對。

▋生命的意義

尚書對於何為本性十分不解，於是特意去拜見曹山禪師。

這個問題卻把禪師給難住了，接下來便是一陣沉默。但禪師突然想到了曾經見過的一件事：一個孕婦背著一竹籬，她衣著破舊，腳上落滿土垢，竹籬好像很重，壓得她直不起腰來，她左手牽著一個小女孩，右臂攬著一個更小的孩子，急忙地趕路。但她一臉洋溢著似明月一般溫婉的笑容。

當時禪師非常迷惑，如此沉重的生活沒有讓她垮掉，反而感覺十分快樂。原來是她懂得自己的人生追求。

禪師恍然大悟，便對著眼前的尚書叫喚：「尚書！」

「是！」尚書雙手作揖回答道。

禪師搖搖頭說道：「回答我的不過是一個軀殼罷了，而不是一個清明的生命。只有自身覺悟才是最重要的。」

尚書聽罷，有所領悟。

在生活中，人們必須明白自己的目標，知道自身生命的意義，才能朝著目標奮勇向前，最終達到目標，並實現自身的價值。否則，弄錯了生活方式，對於人生的意義一知半解，只會在生活中誤入歧途，甚至會使自己成為生命的奴隸。實在是可悲！

▍見與不見

荷澤神會禪師初次參見六祖慧能禪師時，慧能禪師問道：「你從遠處來，路途遙遠，太辛苦了。自性禪心帶來了嗎？可看見本性的法性是什麼嗎？」

神會禪師說：「『我』有來去，『自性』沒有來去，本體法性，普遍法界，怎可言見或不見？」

慧能禪師當即拾起禪杖，打了下來。神會並沒有退後，反而問道：「老師坐禪時，是見或不見？」

慧能並沒有馬上次答，又杖打了三下，才說：「我打你，你是痛或不痛？」

神會回答道：「感覺痛，又不痛。」

慧能禪師順著他的口氣說道：「我坐禪是見，也不見。」

於是，神會便追問他何為見與不見。

慧能禪師開示道：「我見，是因為常見自己的過錯；我不見，是因為我不見他人的是非善惡，所以是見，又是不見。見與不見都是兩種執著，而痛與不痛都是生滅的現象。你連自性都摸不清楚，居然還說什麼無來無去。」

神會聽後，十分慚愧，但從中也有所覺悟。

　　生命的本源只有自己能夠看到，因而生命需要自己好好地去把握。生命是要超越一切世俗觀念，捨棄一切空想與貪慾的，也只有超越了善惡的觀念，才能達到毀譽不動、哀樂不生的崇高境界。

▌枯與榮

　　藥山禪師正在庭院裡打坐，身旁坐著雲岩、道吾兩位弟子。藥山禪師忽然指著院子裡一枯一榮兩棵樹，先對道吾問道：「那兩棵樹是枯的好呢？還是榮的好？」

　　道吾說：「榮的好。」

　　藥山禪師再問雲岩：「枯的好呢？榮的好？」

　　雲岩答道：「枯的好。」

　　這時，正好侍者經過，藥山禪師又以同樣的問題問他。他卻回答道：「枯者由它枯，榮者由它榮。」

　　其實，榮有榮的道理，枯也有枯的理由。我們應該學會從有差別的事物上去體會道的無差別性。無分別而證知的世界，才是實相的世界。而我們所以說的千差萬別的表相，往往是虛假不實，變幻無常的。

　　禪的世界要求我們以一種超然物外的眼光去看待世間萬物；禪的世界要求我們置生死於度外，找尋另一個安身立命的地方。

▌懂得珍惜

　　欽山和尚和雪峰禪師結伴四處參訪、弘法。有一天，二人經過一條河流，正計劃著要到何處化緣，只見河裡漂來一片很新鮮的菜葉。

　　欽山說：「看！河流中有菜葉漂流，可見上游肯定有人家，我們就往上游走吧。」

雪峰說：「這麼完好的一片菜葉，竟白白讓它流走，實在可惜！如此不惜福的村民，不值得教化，我們還是到別的地方去化緣吧！」

正當他們談論時，忽然看到一個人匆匆地順著河水飛跑下來，問道：「師父，請問你們有沒有看到一片菜葉從上游漂下來？那是我剛才洗菜時不小心被水沖走的，要是找不回來就太可惜了。」

兩人互相望了一眼，哈哈大笑，不約而同地朝上游走去……

愛惜東西叫做惜福，唯有惜福的人才會擁有世間最大的幸福。懂得愛惜才能領悟生命的奧祕，不知道珍惜生命中的點點滴滴，必將難以認清生命的本來面目。

▎一休與五休

有信徒問一休禪師：「禪師，為什麼您要叫『一休』呢？」

禪師說：「一休萬事休，有什麼不好？」信徒聽了認為不錯。

禪師話鋒一轉，又說：「其實一休不好，二休才好。」

信徒頗感奇怪，於是問道：「二休怎麼好呢？」

「生要休，死也要休，生死一休才能了脫生死。因此，煩惱也要休，涅也要休，二者一齊休。」

信徒聽後覺得很有道理，便說：「不錯，二休才好。」

禪師卻又說：「二休以後，要三休才好！」

信徒不解了，便問：「三休怎麼好呢？」

「你看，你老婆每日和你吵架，像隻母老虎，最好是休妻；做官要奉迎，也很勞累，最好是休官；為人處事有爭執，因而也要休爭。如此做到休妻、休官、休爭，才是最快樂的！」禪師解釋道。

信徒連忙點頭：「三休真好！」

禪師：「四休才是最好的。」

信徒心中的困惑陡增，便請教禪師。

「酒、色、財、氣四種一齊休才好呢！」

信徒一聽，認為四休也很好。

想不到禪師又發話了：「四休不夠，五休才好。何為五休，人生最苦的，便是我們擁有五臟廟，這個肚子要吃飯，因此才會有種種辛苦。如果將這個五臟廟『一休』，什麼煩惱都沒有了。」

信徒啞口無言。

千休與萬休，還不如一休，一休萬事休。如此，將不再執著於生命自身帶來的種種煩惱，達到那種以有生求無生的境界，即真正的禪悟。

是僧是牛

一日，洲山靈佑禪師正在上堂說法，禪堂外微風習習，鳥鳴聲聲，正是一片大好春光。突然，靈佑禪師微笑著對眾人說：「將來老僧百年後，會在山下施主家投生化作一頭水牯牛，左肋上寫五個字：『洲山僧某某』。這時如果喚我洲山僧，卻是水牯牛，喚我水牯牛，又是洲山僧，那究竟叫什麼才好呢？」

只聽得禪堂上靜寂無聲，眾徒收心苦養，但竟無人能夠作答。靈佑禪師當下也不再問，又繼續為眾徒說法。後來有一位行者聽說這段公案，便說：「師無異名！」

人生一世，草木一秋，世間的一事、一物、一人，無論如何輪迴轉換，只要它是善良的，誰又會在乎成為何種生靈。名字只是記號而已，如果自心

空淨，就能跳出名相而顯示真性，真性卻又不離這些名相。並且，所有的人都會對心地善良的事物頂禮膜拜。

把門關好

有個小偷晚上鑽進一座寺院，但翻箱倒櫃都找不到值錢的東西，嘆了口氣，正準備離開時，睡在床上的無相禪師開口叫道：「喂！這位朋友，走時請順便把門關好！」

小偷一驚一愣，隨即說道：「原來你這麼懶惰，連門都要別人關，難怪你寺裡一點值錢的東西都沒有。」

無相禪師答道：「你這位朋友也太過分了，難道要我老人家辛辛苦苦，賺錢買東西給你偷嗎？」

小偷遇到這種懶和尚，確實是沒有辦法，只好悻悻地把禪師的門關上，若有所思地走了。

安貧樂道之人，自有一份常人所不及的灑脫和從容。但是，人們的心總是被一些瑣事牽扯著，每日總是疲於奔命，難以淨化自己的心靈。其實，不妨讓自己輕鬆一下，去領會禪的智慧之光。這樣，我們就會變得曠達灑脫，活得自由自在。

空房子

那先比丘（比丘：佛教指和尚）出言吐語充滿了慧思靈巧，彌蘭陀王對他非常尊敬，便特意去拜訪他。

兩人見面後，彌蘭陀王問道：「你的眼睛、耳朵、鼻子和舌頭都是你的嗎？」那先比丘笑著搖了搖頭。

彌蘭陀王於是再問：「那麼，真正的你就只有身體了，或者『意』是真正的你了？」那先比丘仍舊笑著搖了搖頭。

彌蘭陀王十分不解，便問那先比丘到底在哪裡。

「窗子、門、磚、瓦、床、椅和梁柱都是房子嗎？」那先比丘微笑著反問道。

彌蘭陀王愣了一下，搖了搖頭。

那先比丘悠然問道：「那麼房子在哪裡呢？」

彌蘭陀王猛然省悟。

在概念中生活的我們總是難以認清真正的自我。只有去掉所有的概念之後，才能找回原本那顆空明無礙的心，並回歸到生命的本原狀態。

▌扛棺自化

普化在臨濟禪師座下參禪悟道。有一天，普化禪師在街上向人乞求布施法衣，有信徒把上好的袈裟給他，他卻不肯接受。

有人把此事報告給臨濟禪師，臨濟禪師就買了一口棺材送給他，普化禪師非常歡喜地說道：「我的衣服買回來了。」

普化禪師立刻扛著棺材，跑到街上大聲說道：「臨濟禪師為我做了一件法衣，我可以穿著它去死了，明天上午，我要死在東門。」

第二天，普化禪師扛著棺材到了東門，一看，人山人海，大家都想來看熱鬧。普化禪師對大家說：「今天看熱鬧的人太多了，不好死，明天去南門死。」這樣過了三天，由東門到南門，由南門到西門，再也無人相信他的話了，大家說：「我們都被普化騙了，一個人好好的怎麼會說死就死呢？再也不上他的當了。」

到了第四天，普化禪師扛著棺材來到了北門，一看，沒有幾個看熱鬧的人，就非常高興地說道：「你們非常有耐心，都不怕辛苦，東南西北地跟著，我現在可以死給你們看了。」

說完，普化禪師跳進棺材躺好，自己蓋上棺蓋，再無聲息，果然像他說的那樣死去了。

常人總是以生為喜，以死為悲。禪者卻能視生死為遊戲，說生就生，說死就死，正所謂生死一如。一般人根本就不可能達到這種境界，但總可以更淡然地看待生死，不再為生死之事所勞累。

▋死亡的原因

山羊的叫聲引來了獵人，以致於被獵殺；而飛蛾總以為那火光之處便是暖和的地方，於是有了「飛蛾撲火」。人們之所以能夠釣上水中之魚，是因為魚兒太過貪婪那魚鉤上的餌，殊不知，在嚥下誘餌的同時，自身也被利鉤掛住了。

其實，身為高級動物的人類何嘗不是如此呢？由於無法對身外之物的牽制和引誘免疫，因而一個個匆匆奔向死亡。

人生本苦短，但在短暫的人生旅途中，仍放棄不了對功名利祿的無止境的追求，從而無法很好地享受人生，這不能不說是人類的一大悲哀。

▋臨終的慈悲

佛陀即將圓寂之時，得知此消息的人都來了。他們圍在佛陀的身旁四周，瞻仰著佛陀莊嚴的紫色金身，紛紛悲泣不止，異常的難過。

但是，佛陀卻用手撫摸著自己的胸部，慈悲地注視著法會上的每一個眾生；出乎意料的是，大眾的心緒居然慢慢穩定下來。此時，只聽見佛陀那微妙的聲音在法會上飄揚著：「你們就好好地把我這純淨無染的金身瞻仰個夠吧！不要像世俗那樣悲傷哭泣灑淚如雨，假如是這樣的話，無論我是否滅度，這都不是我的弟子，也不是真正的佛法。」

法會上的大眾聽到這些話時，心中猛然領悟。

　　「死」是人生的終點，是每個人的終極關懷。但在佛陀身上卻又是另一番景象，他的臨終表現似乎在訴說平談、自然而又深奧的哲理；他在臨終時的灑脫態度、展現出精神的另一個世界。

　　而身為常人的我們往往會恐懼死亡，其中一個重要原因就是：對生命來說，死亡只有一次。因此，我們更應該珍惜有限的人生，充實人生，奉獻人生，在人生最美好的年華裡奮鬥，千萬莫辜負這瞬間人生。

▌死為何物

　　弘一大師曾留學日本，回國後當過教師。於才藝名聲鼎盛之時毅然出家為僧，弘揚幾已斷滅的南山律宗，成為近代佛學大師。

　　弘一大師的圓寂，煥發出神異的光彩。一九四二年農曆九月初三，大師曾索筆寫下「悲心交集」四個大字，以表示其生命的最後時刻即將來臨。九月初四，即西元一九四二年十月十三日，分別寫了遺書給三位友人，並當即用掛號發出。夏尊居士系大師高徒，他於一九四二年農曆九月中旬某日上午，在他的開明編譯所辦公室收到了一封掛號信，正是弘一大師寄給他的遺書。夏尊打開一看，見上面寫道：「朽人已於九月初四日遷化，曾賦二偈附錄於下：『君子之交，其淡如水；執向而求，咫尺千里。』『問余何適？廓爾亡言；花枝春滿，天心月圓。』」

　　夏尊立即拍電報到泉州開元寺詢問，回答是大師已於九月初四晚上圓寂。如此準確地預知自己死期，為這封遺書和兩道絕筆偈披上了靈異的聖光，更使人讚嘆不已！

　　生死從容莫過於自知己之死期者。到底死為何物？死對他們這些已經參悟生死的人來說，不過是生命的自然歸宿罷了。他們認清了人有生必有死的規律，從而可以從容面對生死。其實，只要我們以一顆平常心去生活，坦坦蕩蕩，死又有何懼？

自心佛

唐玄宗開元元年，禪宗六祖慧能在廣東新州國恩寺用完午齋，突然向眾人宣布：「你們各自按座位坐好，我即將與你們訣別！」

眾弟子無不驚詫萬分，有的竟哭出聲來，這時，弟子法海走上前，雙手合十，恭敬而悲傷地說：「師父留下什麼遺訓，使後代迷執的眾生能修成佛？」

六祖慧能答曰：「大家好好聽著，後代迷執的人，假如能真正認識一切眾生，就是佛性，好好修持，即可成佛；不然的話，即使經過漫長久遠的時間，也難以尋求真正的佛性。我現在教你們認識自己心中的眾生。如果能夠了悟本源自性，一切眾生就是佛；如果本源自性迷執，佛也是眾生。你們的本心如果不善或不正，就是佛在眾生之中；一念真覺靈明，平等而無差別，眾生即能成佛。我自己的心本來就是佛，自心佛才是真正的佛。自己如果沒有佛心，何處去求真正的佛？你們自己就是佛，不必懷疑！」

於是，慧能一口氣念了三十二句，總共兩百二十四字的長偈之後，沐浴淨身，端坐到三更，對眾人說完：「我走了！」便離開人間，進入涅。

古往今來，凡知死期而能從容對待，並能對生命有所解悟者，其生命必將輝煌。我們這些活著的人，應該珍重人生，過好每一天。

蜈蚣的困惑

有一天，哲學家青蛙見了蜈蚣，久久地注視著，心裡很納悶：四條腿走路都那麼困難，那上百條腿的蜈蚣又如何行走呢？這不能不說是一種奇蹟！蜈蚣到底如何邁腿的呢？

於是，青蛙便攔住了蜈蚣，問道：「我是個哲學家，卻被你弄糊塗了，我總是無法理解你是怎麼利用這麼多條腿走路的？」

蜈蚣聽完，回答道：「我一直就是這麼走的呀，但確實沒想過這個問題。不過可以考慮一下。」

就這樣，自己到底如何行走的問題進入了蜈蚣的思索。

蜈蚣站立了幾分鐘，動彈不得，蹣跚了幾步，終於趴下了。牠便對青蛙說道：「你就別再問其他蜈蚣這個問題了。我可被你害苦了，原本一直都在走路，如今卻因為如何邁腿的問題，難以移步了。真不知怎麼辦才好。」

蜈蚣的思索，造成了牠對生命本身的困惑，失去了原有的自在；禪者如果不能洞破思想上的障礙，喪失了靈動清明的本心，也就難以恢復生命原本自在的狀態了。

我們往往也會有這種困惑，關鍵就在於如何去調節自己的心理。只要本身擁有一個自然達觀的態度，必能從順應自然，獲得適意的人生。

▋雪霽便行

德普禪師性情豪縱，自從受戒後，便雲遊四方，弘揚佛法。

宋哲宗元祐五年十月十五日，禪師把眾弟子召到面前，說道：「諸方尊僧死時，叢林必繁，我以為這是徒然虛設的。因此，假如我死的話，你們應當在我死之前祭拜我。從現在開始，你們就可以祭拜了。」

眾弟子聽完，都以為師父在開玩笑，於是也戲問道：「禪師何時遷化呢？」

「等你們依序祭完，我就決定去了。」禪師非常認真地答道。

繼而，弟子們便真的煞有介事地假戲真做起來。設好了幃帳寢堂，讓禪師坐於其中，弟子們依照禮儀致祭：上香、上食、誦讀祭文，而德普禪師也非常自如地領受著。

如此下來，經過了四十多天，直到元祐六年正月初一，大家方才祭完。

這時，德普禪師十分平靜地對著弟子們說道：「明日雪霽便行。」

此時的天上正飄著鵝毛大雪，寒冷得很。但是，一到次日清晨，雪忽然停下了，德普禪師焚香盤坐，怡然化去。

　　如此一來，將死亡視作一種享受，真有點遊戲人間的味道。常人心中往往對死亡抱有恐懼之心，總有一種對生的執著。不過經歷此番遊戲，應該可以減少心中的那份執著，更坦然地去看待生死了。原來死亡如此簡單，不過是一個新的開始罷了。

▌生死參悟

　　盤圭禪師是日本禪門臨濟宗「不生禪」的創始人。

　　他十六歲就出家剃度了，一直到二十六歲尚未開悟。就在二十六歲那年，他因坐禪而病，七日沒有進食。

　　感到死亡臨近，不禁想到，生也好死也好，雖然沒有什麼值得留戀的，只是生平無所成就，就要離開人世。思前想後，不能自拔。某日，偶然轉念想到：「看來，世間萬物不是都可以用『不生』來調節、了結嗎？這些年來，我花費了那麼大的精力，苦苦探求的道理不就在這裡嗎？」

　　就在這生命將絕之際，忽而了悟，猶如倦睡中醒來，心胸灑然，毫無痛苦之感，然猶不能言。清早起身盥漱，微風襲來微香，恍然大悟。

　　盤圭這次的死裡復生，並大開大悟，使他活到七十一歲，為日本的禪學發展做出了很大貢獻。

　　死亡是人生最大的考驗，盤珪在瀕臨死亡的時刻，才達到澈悟，並持之以恆，終成大器。禪宗特別重視生死的解脫，並希望從生死的面對中來看清生命的實相，來消除對死亡的恐懼心理。我們也應該學會坦然地看待生死，並珍重生命，過好現實的生活。

處世篇

在人生處世中，只有不斷地去悟知才能達到完美。但是，世故而聰明的人，遠不如看似訥鈍卻發奮圖強的人悟道得快。所以，我們必須時刻注意觀察世間萬物，從而逐步走向成功。

▍進退之道

龍虎寺的學僧正在牆上描摹一幅龍爭虎鬥圖。圖中龍在雲端盤旋而下，虎踞山頭，作勢欲撲。此時，恰逢禪師經過，學僧便請禪師評鑒。

禪師看後說道：「龍和虎的外形畫得不錯，但沒有把握好龍與虎的特性。要知道，龍在攻擊之前，頭必須向後退縮；虎要撲時，頭必然向下壓低。龍頭向後的屈度愈大，虎頭愈貼近地面，他們也就能跑得更快，跳得更高。

學僧們都非常佩服，其中一個說道：「師父真是一語道破，我們不僅將龍頭畫得太靠前，虎頭也太高了，因此總感覺動感不足。」

禪師藉機開示道：「為人處事，參禪的道理也是一樣。退一步的準備之後，才能衝得更遠；謙卑的反省之後才能攀得更高。」

學僧們終於大悟。

龍抬頭、虎相撲，睥睨天下；龍退縮、虎低頭，恭謙有加。彷彿只能從禪者身上才能體會到這種境界。常人也應該在加強自己的身心修養上下工夫，不斷地審視自我，超越自我，真正達到既睥睨天下，又恭謙有加，進退自如，如此行事才能靈活，處世方可巧妙。

▍八風吹不動

蘇東坡在瓜州任職的時候，曾與金山寺的住持佛印禪師成為至交，他們經常在一起談禪論道，生活得十分快活。

有一天，蘇東坡過江去看望佛印，但到了佛印的住處才知道他剛剛出門。蘇東坡便在佛印的方丈室裡坐下，耐心地等他回來。可是過了很長時間，佛印還沒回來，蘇東坡有些不耐煩了，就走出方丈室，到寺裡其他地方轉轉。他來到天王殿，看見正中端坐的彌勒菩薩總是微笑地看著他，蘇東坡心中無限歡喜，頓時詩興大發，便吟偈詩一首。回到方丈室，於桌上取了一張紙，

隨手寫下這首偈詩，放在那裡。又等了一會兒，佛印仍沒回來，便打道回府了。

等佛印回廟後，看到蘇東坡在桌子上留的紙條，上寫道：「稽首天中天，毫王照大千；八風吹不動，端坐紫金蓮！」佛印看完後，心知蘇東坡雖在字面上讚美菩薩的威嚴神妙，但在骨子裡卻是顯擺自己的禪定功夫。於是，他拿起筆，在蘇東坡的偈詩後批了兩個大字，「放屁！」寫完便著人過江送給蘇東坡。蘇東坡見了這個粗俗的批示，心中十分惱怒，立即過江，去找佛印理證。

船快到金山時，蘇東坡就看見佛印禪師早已站在江邊等待。蘇東坡一見禪師就氣呼呼地說：「你怎麼能用這樣的話來批我的偈詩？難道你沒看出我是在頌揚佛法嗎？你我相交這麼多年，還不了解我？」

佛印禪師卻微笑不語，只是遞給他一張早已寫好的紙條。蘇東坡接過一看，只見上面寫道：「八風吹不動，一屁過江來！」

蘇東坡慚愧不已。

東坡居士對佛禪已經有極深的研究了，但是，他在實踐中還是沒能完全做到「心中有佛」，甚至會炫耀自我。更何況我們這些半桶水的人呢？學佛不難，只要用心，做人亦然！

▌水車原理

無相禪師總是雲遊四海，行腳參禪。

有一次，禪師在行腳過程中由於口渴四處尋找水源，見到前面有一個青年在池溏裡打水車，便向前跟青年要了一杯水。那青年一見禪師，便以一種羨慕的語氣說道：「禪師，等到我看破紅塵，我也會出家學道。但是我會找一個隱居的地方，好好參禪打坐，而不像您一樣到處行腳居無定所。」

禪師便問他何時才能看破紅塵。

　　「我們這一帶只有我最了解水車的性質，而這又是全村人的主要水源。一旦出現了接替我照顧水車的人，那我就沒有責任的牽絆，便可以出家學道了。」那青年答道。

　　禪師又問：「你最了解水車，如果水車全部浸在水裡，或完全離開水面會怎麼樣呢？」

　　青年胸有成竹地答道：「水車是靠下半部置於水中，上半部逆流而轉的原理來工作，如果把水車全部浸在水裡，不但無法轉動，甚至會被急流沖走；同樣的，完全離開水面也不能帶上水來。」

　　聽了那青年的話後，禪師朗聲說道：「水車與水流的關係可說明個人與世間的關係，如果一個人完全入世，縱身江湖，難免不會被五欲紅塵的潮流沖走。假如絕然出世，自命清高，不與世間來往，則人生必是漂浮無根。」

　　那青年聽完，猛然省悟。

　　禪者必須把握好出入的分寸，在看破紅塵的基礎上，更要發揚普度眾生的宏願。無論是為人處世還是出家學道，都應該將出世與入世平等視之。

▋時刻用心

　　有人去請示從諗禪師：「一日有十二個時辰，到底應該怎樣用心才能最佳利用呢？」

　　禪師聽完他的訴說後，輕言道：「你是被十二個時辰所使喚，但老納卻是自主地使喚著十二個時辰。」

　　那人聽後，若有所思，似乎從中明白了什麼，但又不是特別的清楚明瞭。

　　禪師看出了他的不解，於是繼續解惑道：「不要長時間地站在一個地方，一旦有問題就提出來共同商量，如果沒有問題，則可以自己去參究事理。只有如此，才能有所造詣。」

要想達到事業有成，必須合理地安排好時間，並且一心一意按照既定計畫去進行，否則，心存雜念，三心二意，最終只會在碌碌無為中耗盡一生。

待客之道

從諗禪師是趙州一位有名的禪師，他畢生修行參禪，從未鬆懈一天。

一日，趙王專程去拜訪他，此時的他正在禪床上休息，聽到待客的稟報，非但沒有起身，反而躺著對趙王說道：「大王，我現在已經老邁，以至於無力下床接待你，請大王莫怪。」

聽完之後，趙王絲毫沒有怪罪之狀，還更增加了對從諗禪師的尊重。待他回去之後，便於第二天派一位將軍給禪師送來禮品。令人意外的是，此次，從諗禪師一聽稟報，馬上下床到門外相迎。

事後，他座下的一些學僧頗為不解，趙王的部下到來能下床到門外相迎，而趙王親自駕臨時卻臥床不起。他們便帶著這份疑惑去請示禪師。

禪師聽了哈哈大笑一聲，轉而嚴肅地說：「你們有所不知，老衲的待客之道分為上中下三等：在床上用本來面目接待上等人；下床到客堂裡用禮貌接待中等人；用世俗的應酬到門前去迎接下等人。」

在禪師心中，能特地來拜訪他的趙王是上等人，因而享受了上等接客的待遇。而那個世俗的送禮將軍表面上似乎受到了多高的禮遇，實際上只被禪師視為一個下等人。這種待客之道便是禪者心中對世俗與脫俗最好的區分！

寶劍不可觸

一日，雲遊四海的慧明禪師在化緣時，有人向他問起寶劍在初胚未磨之前怎麼樣。禪師答道：「沒什麼用！」

寶劍未磨自然無法使用，修行的人何嘗不是如此呢？在他的毛病和習氣沒有斷除之前，無非就是一個充斥人性的皮囊，不會起絲毫作用。於是就有了「寶劍鋒從磨礪出」的名言。

但是磨好之後的寶劍由於其無比的鋒利，因而也是觸摸不得的，必須慎之又慎。

回歸到人性，修行的人一旦修成正果更應加倍小心，否則，修成的神通便會造成傷人害己的後果。所以，人們必須時刻注意自己的言行，嚴加看護自身的本性，如此才不會在貪、嗔、痴、慢、疑中迷失自我。

居士與高僧

有一天，一個年輕居士前去拜訪一位高僧。他們聊得十分投緣，一直從早上談到中午。到了吃飯時分，小和尚端上了一大一小兩碗齋飯。

高僧當即把大碗推到居士面前，叫他享用。居士一點也沒推讓，張口就吃。高僧見狀十分不滿，心裡總在思慮著，此人怎麼如此不懂禮儀。於是並沒有動筷進食。

居士很快便吃完了，抬頭一看高僧卻是滿臉慍色，便問他為何不吃。

高僧卻默而不答。居士笑著說道：「實在不好意思，剛才忘了讓師父了。但是讓師父並不是出於本意，所以我就沒有那麼去做。」繼而又問高僧你推我讓的目的。

在得到了高僧「便是吃飯」的回答後，居士轉而嚴肅地說道：「目的是吃飯，誰吃都是吃，何必再你推我讓呢！莫非您把大碗讓給我不是出於真心嗎？」

高僧聽後頗有所悟。

做人應該坦率與真誠，而不應在過分客氣和繁瑣禮儀中脫離了做人的本色。

▋成功的祕訣

弟子們對於如何才能成功十分不解，於是，他們去請示禪師。

禪師並沒有直說何為成功的祕訣，而是向弟子示範了手臂前後甩動的動作，然後說道：「從今天開始，你們每天都做三百次。」

弟子們聽了，心裡仍然非常疑惑。

禪師接著說：「做完了這件事，一年之後你們就會知道怎樣才能成功了！」

弟子們卻不以為然，認為再簡單不過了。

不知不覺過了一個月，禪師問弟子們：「有誰堅持做了我讓你們做的事？」大多數人舉起了手。禪師十分滿意。

又過了一個月，禪師又問還有多少人堅持了，這次卻只有一半人舉起了手。

時間過得真快，一年就轉瞬即逝。禪師再次問大家：「還有幾個人堅持了最簡單的甩手運動？」此時，只有一個人高高地舉起了手。

實際上，世間最容易做的事常常也是最難做的事，最難做的事也能轉化為最容易做的事。關鍵在於我們是否去做，並且能否持之以恆。只有透過不斷地堅持，才能取得一次一次的成功。否則，多種美妙的夢想只會如空中樓閣一般，可望而不可及。

▋修行要訣

很久很久以前，一位僧人非常想知道何為修行最重要的名言及要訣。

一天，他特意帶著這個問題去請教石頭禪師。禪師聽了，僅以五字作答，「莫錯下名言」。

修行道路漫長，在沒有走到盡頭之前，切莫自以為是，錯下名言，否則會害人害己的。

僧人聽完，感覺太簡單，便繼續問禪師是否還有方便的法門。

禪師心想他不懂得自己去參悟，就隨便答了一句，以期斷其妄想。

「黑黑的髮髻被鳥雀誤以為是鳥窩，便養雀其中。」

何為捷徑，比喻能較快地達到目的巧妙手段。但不是事事都有捷徑可言的，更不要輕易相信捷徑，有時捷徑甚至會是致命的陷阱。只有一步一個腳印、腳踏實地地做事，才能步入成功的殿堂。

▌自傘自度

從前，有一位信者在屋簷下躲雨，一見有位禪師撐傘走過，便大叫禪師帶他一程，並說佛法是講求普度眾生的。

禪師拒絕了，而且說道：「你在屋簷下，而簷下無雨，因此毋須我度。」

信者聽完，馬上走出簷下，站在雨中，再請禪師度他。

此時，禪師又發話了：「現在我們都在雨中。我不被雨淋，因為我有傘；你被雨淋，因為無傘。所以不是我不度你，是傘不度你，你應該找傘才是。」

說完，禪師便走了。信者卻在雨中被淋成了落湯雞，於是大罵禪師「專度自己」！

自傘自度，自性自度，求人不如求己。佛理如此，生活亦如此。在人類社會中，互相幫助固然不錯，但誰也不能幫別人看到自己的本心。人不能總想依賴別人，如果自己不肯努力，到頭來只會一無所獲。所以人們應該充分利用自身潛在的資源，一切追求諸己。

▌確定的目標

　　一日，懷海禪師帶著他的弟子在田裡插秧。但是弟子插的秧總是歪歪斜斜的，禪師所插的卻是整齊得很，彷彿用尺子量過一般。

　　弟子見此情景，十分疑惑，怎麼自己與師父同是插秧，而整齊度有如此大的差別呢？便請教禪師如何才能把秧苗插直。

　　禪師回答道：「非常簡單，只要你在插秧時，眼睛盯著一樣東西，秧苗自然就能插直了。」

　　聽完師父的教誨，弟子很快就插完一排秧苗，但此次所插秧苗還是成了一道彎曲的弧線。

　　這時，弟子更為不解了，都在思索著到底是什麼原因。

　　過了一會，禪師便問弟子剛才是否盯住了一樣東西。

　　「是啊，就是正在吃草的那頭水牛，我以牠為目標。」弟子回答得很乾脆。

　　禪師聽了，繼而笑著說道：「水牛是移動的，你插的秧苗也跟隨水牛移動，自然就彎曲了。」

　　弟子聽後猛然醒悟，於是選了遠處一棵大樹當作目標，後來所插的秧苗都十分整齊。

　　無論做什麼事情，都必須確立一個固定的目標，並且腳踏實地地付出。朝著確定的目標前進，才能獲得最大的成功。

▌無所求

　　從前，雪竇禪師喜歡四處遊歷。一日，禪師在淮水旁遇到了曾會學士。曾會便問他要去哪裡，禪師說可能去住錢塘，也許會去天台。

於是，曾會就寫了封信給禪師，讓他到靈隱寺去找珊禪師，珊禪師一定會好好待他的。

禪師便帶著信件去了，但他到了靈隱寺時，並沒有把介紹信交給住持，而是潛身去普通僧眾之中過了三年，三年之後，曾會學士因為公事，來到了靈隱寺，便想見雪竇禪師，但寺僧卻無人知道這麼一個人。學士就親自去了雲水僧所住的僧居，好不容易在一千多位僧眾中找到了雪竇。

兩人寒暄了一陣，曾會學士不解地問道：「為什麼不帶上我寫的介紹信去見住持呢？是不是那封信不見了？」

禪師拿出原封不動的介紹信交還給曾會，微笑著回答：「我只是一個雲水僧，一無所求，所以才如此啊！」

說完，倆人哈哈大笑。後來，蘇州翠峰寺缺少住持，珊禪師就推薦雪竇去任職。

求人不如求己！只要自己努力，才華就不會被埋沒。相信自我，提升自己各方面的能力，不遺餘力地付出，就一定會有相應的回報。

▌空空如也

趙州禪師身為一代名僧，頗受人們的尊敬。因而有很多人拜謁他。

有一次，一個信徒來拜訪他，由於沒準備禮品，心裡惴惴不安，便向禪師道歉道：「我是空手而來的。」

禪師聽完，便說道：「既是這樣，那就請放下來吧！」

信徒十分不解，自己沒帶禮品，那還能放下什麼呢？

他的心思很快被禪師看破了，禪師沉寂了一會，說道：「你不缺少的東西，正是你沒有的東西；你沒有的東西，恰恰又是你本來不缺的東西。」

「男子漢、大丈夫，要提得起，放得下。」這也是禪的要訣。人們應該把握時機，當提即提，該放即放，如此才能靈活行事，自己也不會被一些不必要的苦惱所連累，從而可以輕鬆自在地享受生活。這真不失為人生處世的一種真諦。

禪師遇虎

智堅禪師、歸宗禪師與南泉禪師都是一代名僧。

有一次，他們同去行腳，卻在路上碰到了一隻老虎。但三人都是不動聲色地從老虎身邊走了過去。

走了一段路程之後，南泉便問歸宗剛才那老虎像什麼。

「像隻貓。」歸宗回答得十分乾脆。

歸宗又反過來分別問智堅和南泉同樣的問題，得到的答案分別是狗和大蟲。

從上不難體會出三位禪師的膽量和氣魄，他們遇虎從容不迫，真正具備了大丈夫的胸襟和器量，當今時代很需要這種精神。想當年，達摩祖師在被人設計陷害時，面對五頭狂奔而來的醉象卻能神色安然，面不改色；看今朝，欲成丈夫之偉業，必須擁有臨危不懼的膽識和氣質。

在鏈錘下日益強壯

儀山禪師對禪學有很深的領悟，德高望重，經常有很多人去拜謁他。

在寒冬的一天，下著鵝毛大雪。滴水和尚不畏嚴寒，去天龍寺拜見禪師。但是禪師卻不讓他進門，滴水就一直跪在門外，而且一跪便是三天。禪師的弟子紛紛為他求情，可禪師絲毫不為所動。

日復一日，滴水身上皸裂的地方都流血了，他一次次地倒下又重新起來，但他依舊跪在那裡，雷打不動。到了第七日，他再也支撐不住，倒了下去。禪師的弟子馬上向禪師報告。這時，禪師才下令將滴水扶進寺院，並同意他在自己門下參學。

一日，滴水對於無字與般若的異同十分不解，便去請教禪師。

禪師卻當即給了滴水一拳，並且喝道：「這個問題豈是你能問的？給我滾！」

滴水和尚被禪師的拳頭打得頭昏目眩，冥冥之中卻恍然大悟：「有與無都是自己的膚淺意識，你看我有，我看我無。」

在儀山禪師的嚴格要求下，滴水自己苦心參禪，最終成了一代名師。

天降大任於斯人，必先苦其心志，勞其筋骨，餓其體膚。正就是在這種鏈錘之下，人才能日益強壯起來。不經歷風雨，怎麼見彩虹。因此，面對向自身揮來的鞭子，只有將頭抬得更高，背脊挺得更直，方能享受到成功的喜悅。

▌處世祕術

大學士黃庭堅曾聽人說，祖心禪師日日輕鬆安穩，處處安詳自在。於是，他便親自去拜訪禪師，請示所謂的處世祕術。

當天下午，他們一起在山坡上散步，只見道路兩旁開滿了多種鮮花，香氣宜人。

禪師便問大學士是否聞到了花香。

黃庭堅望著兩旁盛開的茉莉、百合，點了點頭，繼而稱讚道：「真香啊！」

禪師聽完，笑著說道：「其實我並沒有對你隱瞞什麼！」

黃庭堅聽完，終於明白了禪師的意思。

禪不能停留在言語和觀念之上，而是體現在無時不有的灑脫和無處不在的自在。只有擺脫了世俗的牽掛和煩惱，才能聞到花叢中撲鼻而來的花香，真正體會最純樸的生活。

▌禪者的畫像

寶程禪師臨將逝世，於是把眾弟子叫到面前，並且說道：「誰能為我畫一幅肖像？」

眾僧頓時忙亂起來，都著手為師父畫像。他們與禪師朝夕相處，音容笑貌早已印在心中，很快也就畫好了。但禪師依次看完他們的畫像後，感覺非常失望，一個勁兒地搖頭。

眾弟子見狀手足無措，不知如何是好。

此時，弟子普化走上前去，朝著禪師說道：「師父，我能描畫。」於是就在禪師面前翻了個跟頭，然後就出去了。

禪師微笑著說：「畫得好！我相信這傢伙將會瘋瘋癲癲地去來！從今以後，就由他來當住持。」說完就圓寂了。

禪師求畫的真正目的是希望僧徒們像自己一樣，如痴如醉地教化別人。普化理解了禪師的意思，也得到了禪師的首肯。

現代人應該盡可能多具備一些禪者的風範和智見，以超越常人的見識與智慧，去取得傲人的事業成就。

▌還俗和尚

一個和尚因為耐不住寂寞便下山還俗去了。

過了不到一個月，和尚因為耐不得塵世的口舌，又上山來了。

過了不到一個月，和尚又因為耐不住寂寞，還是去了。

如此三番幾次，一個老僧就對他說：「你乾脆不必信佛，脫去袈裟；也不必認真當俗人，就在廟宇與塵世之間的涼亭那裡賣茶如何？」

這個還俗的人就依言討了老婆，開起一間茶店，從此安定了下來。

半吊子的人只能做半吊子的事，這個還俗之人便是如此。所以，我們在行事時，必須不斷地分析自身的性格、特長及其他方面，並給予自己準確的定位，找準人生的坐標，才可能有一個完美的人生。

▌一指禪

一日，時近黃昏，天上下著毛毛細雨。一位比丘尼（比丘尼：佛教指尼姑）不經通報、也不脫下斗笠，逕自進入金體俱胝禪師的禪堂裡，持著錫杖繞俱胝禪師的禪座三匝，道：「你說得有道理，我就脫下斗笠。」

她一連問了三次，俱胝禪師不知所以，連一句話也答不出。比丘尼拂袖欲去，俱胝禪師只覺慚愧，就禮貌地說道：「天色已暗，且留一宿吧！」

比丘尼停下腳步道：「你說得有道理，我就留下來。」

俱胝禪師仍不知該如何回答才好，比丘尼便轉身離去了。

後來，天龍禪師來到寺中，俱胝禪師就以比丘尼問話的經過來請示天龍禪師。天龍禪師豎起了一根指頭開示他，俱胝當下大悟。

從此以後，凡是遇到有人請示佛法禪道，俱胝禪師便豎起一根指頭，學者大都能因此有所契悟。一時間，「俱胝一指」，相當有名。

「一指禪」的實質是引起學人的注意去凝神看那一根手指，在看的剎那自然斷掉心中的妄想，從看處得出真知。我們應該在平時聽與看的過程中，注意集中精力，從中不斷參悟出人生哲理，並體會生命的真諦。

▌半肯半不肯

　　洞山良價禪師在南泉普願座下修道時，到了剃度恩師雲岩曇晟禪師的忌日，總要設齋上供加以紀念。

　　有學僧問道：「禪師在令師雲岩處得到什麼開示？」

　　洞山答：「不曾垂蒙指示。」

　　學僧疑惑地問：「既然不蒙指示，為何要設齋供奉他？」

　　洞山說：「我怎敢違背他呢？」

　　學僧又說：「我真不懂，你來南泉普願禪師處修道，為什麼卻為雲岩禪師設齋？」

　　洞山平靜地回答：「我不尊先師的道德佛法，只尊重他不為我說破，單憑這一點就勝過父母。」

　　學僧又問：「禪師既然為先師設齋，那麼是肯定先師的禪風了？」

　　洞山答：「一半肯定一半不肯定。」

　　學僧問：「為什麼不全部肯定呢？」

　　洞山答：「因為如果全部肯定就辜負先師了。」

　　修行若完全依賴師長，將會失去自我；若是全靠自己，沒有指引，必定難以因指見月。人必須自信，但不可篤信；可以崇拜別人，但不要膜拜。只有如此，才能不斷提升自己的修為，並且有所成就。

▌爐中覓火

　　有一次，百丈懷海禪師讓洲山靈佑禪師去撥一撥火爐中，看看有沒有火。洲山在火爐中撥了一撥，卻沒有發現火，便照實回答。

聽完，百丈立即站起身來，走到爐邊，用火鉗在爐中深深一撥，撥出一點火星，就取出來給洲山看，並且說道：「這個不是嗎？」

洲山恍然大悟。

在洲山禮謝之後，百丈禪師意味深長地說道：「你只是暫時走了彎路而已。認識佛性要看時機因緣，時機到來就可以從迷醉中頓醒，從遺忘中忽然憶起。至此方知自己的東西不是從他人之處得來的。」祖師說：「悟了如同沒悟，無心即是無法。心和法本來就是一體具有的，從現在開始，你應該好好護持它。」

火爐之中本來就有火，暗示我們這個身體本來就蘊含有佛性，只看有沒有發掘引現出來而已。禪機四伏，心境朗然。然而悟與不悟，也隨心自然而已。

我們必須抓住契機，真正認識自己，充分發揮自身的潛力，方能成就自己的一番事業。

▌自助者，天助

從前，一位虔誠的信徒在遇到水災後，便爬到屋頂上避難。但是，洪水漸漸上漲，眼看就要淹到腳下了，信徒急忙祈求道：「大慈大悲的觀世音菩薩快來救我啊！」

過了不久，就來了一艘獨木舟，船上的那人要救信徒，他卻說：「我不要你來救，觀世音菩薩會來救我的。」

於是，那人駕著獨木舟走了。可大水還在繼續上漲，很快到了他的腰部。信徒十分著急，立即又向觀世音菩薩發出祈求。

這時，又來了一艘小船，船上的人要救信徒到安全地帶，他又拒絕了，並且說道：「我不喜歡這艘船，觀世音菩薩會來救我的。」

那小船只好抛下信徒開遠了。沒一會兒，水已經漲到了胸部，信徒繼續大聲地向觀世音菩薩祈求著。

後來，又有一艘載滿了人的大船經過，船上的人要信徒趕快上船，信徒卻嫌船上太擁擠，想著觀世音菩薩會來救他。

可是，隨著洪水的上漲，信徒已經奄奄一息了。就在此時，一位禪師駕船趕來救起了他。得救的他卻向禪師抱怨說：「我如此虔誠地信佛，但是觀世音菩薩在我遇難之時卻不來救我。」

禪師深深地嘆了口氣，說道：「你真是冤枉了觀世音菩薩。菩薩曾經幾次化作船來救你，你卻嫌這嫌那，一次一次地拒絕。看來你與菩薩無緣了。」

人生在世，難免會遇到困境。如何才能擺脫困境呢？最關鍵的一點是要有一顆自救之心。俗話說得好：「自助者，天助也。」相信自我，充分利用外境，你將會發現，原來菩薩就站在自己身邊，朝著自己微笑呢！

▋修習方得道

一個人在水上漂浮時，感覺口渴時是完全可以張口喝水的。但他害怕沉溺水中，便沒有張口，以至於最後被渴死。溺、渴都是死，但是怕溺而不怕渴，其實是沒有掌握在水中解渴的方法。要想在苦海中能生存下來，則必須將自己所知的法理透過實踐和檢驗加以領會。

有人懂得醫學，並且能為他人醫治病痛。可是一旦自己病了，卻無從下手。這往往是因為太熟悉自己，再也不能抱持客觀的態度去看待自己的病情了。如果真正有所實踐，就能掌握理論並加以運用，能治天下病自然也能治好自己的病。

對於佛理來說，必須將自己的所知加以修行和實踐，才能真正認識到真理的妙處。否則，就會好比聾人彈奏音樂一樣，別人聽到而自己聽不到。同樣的道理，聽聞了佛法真理的人，自己若不去修行，難以從中得到什麼收穫。

　　人們必須將自身所學的知識加以運用，才能加深自己的內涵，並且使知識真正造成作用。如果不加以運用和檢驗，即使是再多的知識，也只會無端地增加自身的負擔，甚至會成為一種累贅。

▊睜眼如盲

　　雲岩禪師身為一位得道高僧，座下名徒眾多。

　　一日，徒弟洞山禪師來向師父索要一樣東西，雲岩禪師便問他欲要何物。

　　洞山不客氣地說：「我想要你的眼珠。」

　　雲岩禪師顯得異常平靜，只問洞山的眼珠何在。洞山卻說他自己根本沒有眼珠。

　　雲岩禪師淡然一笑，說道：「要是你有眼珠，將會如何安置？」

　　洞山不禁語塞。

　　過了一會兒，雲岩禪師非常嚴肅地說道：「你要的眼珠，是我的，還是你自己的？」

　　洞山嘆了一口氣，答道：「其實我要的並不是眼珠。」

　　雲岩禪師不答話，卻大聲喝他出去。但洞山禪師也沒什麼動靜，仍然非常誠懇地說道：「我沒有眼珠，出去看不清前途呢！」

　　於是，雲岩禪師用手摸一摸自己的胸口，說道：「不是早就給你了嗎？怎麼還會看不到！」

　　洞山禪師聽後有所領悟。

　　肉眼是觀看世間萬象的，能看到的只是表面現象；心眼才能觀察宇宙的本體，看到的是普遍的、裡外如一的東西。而我們要探究的是事物的本源。因而，應該學會利用自己的心眼去觀察世間萬物，以達到認識世界的目的。只有在認識世界的基礎上，才能很好地去改造世界。

▌知非便舍

慧遠禪師年輕時總是喜歡四處雲遊，見多識廣，從而對參禪多有助益。

一次，在雲遊途中，他與一位嗜菸的人同走了一段山路。然後在河邊休息時，那人給了禪師一袋菸，禪師很高興地接受了那人的饋贈。由於彼此談話十分投緣，分離時，那人又送給他一根菸管和一些菸草。

兩人分開之後，禪師心想：這個東西十分舒服，肯定會打擾我禪定，時間一長，定會惡習難改，最好還是趁早戒掉。於是便將菸管與菸草全扔了。

後來的一段時間裡，他又迷上了書法，每日鑽研，自然有所成就，甚至有幾個書法家居然對他的書法大加讚嘆。他轉念又想：「自己偏離正道了，如此一來，難以成為禪師。」從此，他就一心放在參悟佛禪上，苦心鑽研，最終成了一位德行高深的禪師。

要想成就一番事業，首先是要明確自己的目標，但更重要的是堅持不懈地向著目標奮鬥。往往有些人會在樹立目標後，卻不自然地喪失了航向，甚至自己的所作所為與目標是相悖的。此時，自己要善於發現並立即做出改正，而且勤奮地付出，才能達到目標。

▌破鏡

仰山禪師收到老師洲山禪師送來的一面鏡子，仰山拿著鏡子對門下的弟子問道：「洲山禪師送來一面鏡子，你們說說看，到底是洲山禪師的鏡子，還是我仰山的鏡子？如果是仰山的鏡子，為何又是洲山禪師送來的？若說是洲山禪師的鏡子，為什麼又在我仰山手裡呢？如果你們答得對，便把鏡子留下來，答不出，便將它打破。」

仰山禪師連說了三遍，沒有一個人答話，於是，仰山便把鏡子打破，離座而去。

明鏡喻禪心，而在禪心中都沒有你相我相，甚至連禪心也不可得。但是，常人關注的往往是你我之間的區分，是與不是的可否，難以想到中和兩者的萬全之策。因而，在行事時無法靈活處理，只能在兩個極端處徘徊，自然也就難以將事情辦好。

▌唾沫自乾

從前，有一個年輕人脾氣非常不好，動不動就與人打架，因此人們都很討厭他。

一日，這個年輕人無意中遊蕩到大德寺，正好遇到一休禪師講佛法，聽完之後異常懊悔，決定痛改前非，並對一休禪師說：「師父！今後我再也不與別人打架起口角了，即使人家把唾沫吐到我臉上，我也會忍耐地拭去，默默地承受！」

「就讓唾沫自乾吧，別去拂拭！」一休禪師輕聲說道。

年輕人聽完，繼續問道：「如果拳頭打過來，又該怎麼辦呢？」

「一樣呀！不要太在意！只不過一拳而已。」一休禪師微笑著答道。

那個年輕人實在無法忍耐了，便舉起拳頭朝一休禪師的頭打去，繼而問道：「現在感覺怎麼樣呢？」

一休禪師一點也沒有生氣，反而十分關切地說道：「我的頭硬如石頭，可你的手卻打痛了！」

年輕人無言以對，似乎於禪師言下有所領悟。

我們生活在紅塵之中，尤其需要大度包容。如果一個人氣量狹小，遇事斤斤計較，在生活中就會處處碰壁，煩惱無限。假如能以實際行動理解、包容別人，你也會得到別人的理解和包容。

知錯就改

晉代和尚法遇，乃著名高僧釋道安的弟子，住持當時江陵的長沙寺。

寺裡有一僧人，因酒醉，晚上沒有為大殿上香，法遇知道後，只做了輕微的處罰。而只憑喝酒已觸犯戒律第一條，即可逐出山門，何況又誤了殿上燒香呢？道安在很遠的地方知道了這件事，便用竹筒裝了一根荊條，親自封好，派人送給法遇。

法遇開封見到荊條，立刻說：「這是由飲酒僧引起的，這件事，是我教導徒弟不夠勤勉且對其處罰又不嚴而造成的。致使道安師父在那麼遠的地方還擔憂我，送荊杖警示於我。

說完，即令維那僧敲鳴木魚，召集眾僧，把道安禪師寄來的竹筒放置在香案上，燒了一柱香。法遇站起來，走到眾僧面前，向竹筒致敬後，就趴在地上，命令維那僧用荊條抽他三下，然後把荊條放回竹筒中，垂淚自責，並把醉僧攆出了山門。

這件事傳出後，人們無不交口稱讚，都說法遇是個知錯能改的好和尚。從此，長沙寺法紀嚴謹，道風端正，外地僧人紛紛來此掛單（佛教和道教術語，指出家人或道士於十方叢林或寺院投宿），寺廟香火十分興旺，法遇最終也成了得道高僧。

法遇荊杖自責的佳話，說明生命不是上帝用於捕捉人們錯誤的陷阱。人生肯定要犯很多錯誤，我們必須學會正確地面對錯誤，做到知錯必改，不再犯同樣的錯誤。

鸚鵡學舌

有一天，韓愈去拜訪寶通禪師，問道：「你春秋多少？」

寶通禪師舉起念珠，反問道：「知道了嗎？」

韓愈答道：「不知道。」

寶通禪師說：「晝夜一百零八。」

韓愈聽完更是不解，於是便回去了。

第二天，韓愈又去拜見禪師，到了院門前面見到首座，於是提起前一天的事來詢問其中的意思，首座叩齒三下作答。等見到寶通禪師，又提出同一問題，寶通禪師也是叩齒三下作答。

韓愈見此情況說道：「原來佛法沒有兩樣。」

寶通禪師聽了，忙問他的話是何意。

韓愈答道：「剛才請教首座，他也是如此。」

於是，寶通禪師急忙召呼首座道：「你也是這樣回答的嗎？」首座笑著點了點頭。寶通禪師立即決定把首座攆出院。

寶通禪師常以叩齒來回答別人的提問，表示禪不能開口講，一講就失去了禪意。而首座卻依樣畫葫蘆，還自以為得意，最終只會被禪師趕出去。

禪要講創造性，鸚鵡學舌就是典型的沒有創造性，也就失去了禪的生命，因此遭到禪師的反對。我們在行事中，也忌諱鸚鵡學舌，隨波逐流，必須不斷發揮自己的創造性，以巧妙的新方法來達到完美行事。

鸚鵡學舌

生活篇

　　生活中包含有太多的東西，但所有的一切都事關人們的生活品質。人們只有不斷累積生活心得，才能享受我們的人生。

▎真正的地獄

從前，一個小沙彌總是被每天繁雜的瑣事煩惱著，對生活充滿了埋怨。

於是，他去請教慧能禪師，禪師在聽完沙彌的訴說後，講了一個故事：

一個人死後去了閻羅殿，見到那裡安逸的生活，便為自己不早點來此感到後悔。但心裡實在不敢相信這便是所謂的地獄，因為在此吃喝玩樂等等都是那麼的舒適。他請求留在地獄生活，最後得到了負責人的允諾。

生活開始了，他每日就在吃睡中輪迴，真是快樂似神仙。但隨著時日的推移，生活變得無聊和乏味起來。「人世間最大的痛苦莫過於無聊」。他便找來負責人，想要尋求一份工作，即使辛苦一點也願意。可是得到的答覆卻是否定的，因為地獄中除了安逸的生活外，確實沒有工作。

那人一直將地獄誤認為美好的天堂，其實，地獄就是以它那特有的安逸來消磨人的心志，讓人逐漸頹廢，在其間感受世間最大的痛苦。所以，人們不要過分地追求安逸，應該在勞己體膚、苦己心志的基礎上，去完成天降於己的大任。

▎乞丐的勇氣

一次，一個乞丐向富商乞討錢財，並說他們以前是舊相識。富商仔細看了看那人，認出了他就是以前家境殷實富裕的張三少，便問他為何倫落到這般田地。

原來，張三少家由於一場大火，全部財產都化為灰燼。為了要錢買酒喝，他便去乞討。甚至，他以喝酒來為自己的乞討樹立勇氣。

富商聽後，腦中轟然一聲，似乎從中看見了愚痴人間的愚痴眾生，眾生都是在酒、色、財、氣中耗盡了一生。

於是，他便帶著對未來的困惑去請教慧可禪師。

禪師笑著回答：「太陽從西邊升起來，照在樹上沒有一點影子。」

人的未來如太陽西升，是沒有影子的事，因此，不要過分地去預知未來，重要的是珍惜現在，好好地生活於當下，少一些煩惱與憂傷，多一份善良和包容，人生一定會充滿快樂與幸福。

▎四個老婆

有一天，佛祖為他的幾個弟子講了一則故事：

有個富商娶了四個老婆：第一個伶俐可愛，整日陪在他的身邊；第二個是他搶回來的，特別美麗；第三個整日打點生活瑣事，讓他過著安逸的生活；第四個工作勤奮，東奔西跑，他幾乎忘記了她的存在。

一次，商人要出遠門，旅途十分勞苦，他決定從中選一個老婆作伴。第一個說：「你自己去吧，我才不陪你呢！」第二個說：「我是被你搶來的，本來就心不甘情不願，我才不去！」第三個說：「我不願忍受餐風露宿之苦，我最多送你到城郊。」最後，第四個老婆說話了：「無論你到天南地北，我都跟著你，因為我是你的老婆。」

於是，商人便帶著第四個老婆開始了長途跋涉。

其實，這個商人就是我們自己。第一個老婆指的是肉體，死後是要與自己分開的；第二個老婆指的是金錢，它是生不帶來，死不帶去的；第三個老婆指的是自己的伴侶，生前相依為命，死後還是要分道揚鑣的；第四個老婆是指自性，你可以不在乎它，但它會永遠陪伴著自己。

正所謂天性永遠與己相隨，因而我們更應著重自身的天性，並守護好自己的那塊心田，讓生活回歸到純真和樸實的意境。

▎穿衣吃飯

睦州禪師對禪學領悟頗深，經常有人去拜訪他。

有一次，一個人特意去請教禪師。他問道：「我們每日都要重複著穿衣吃飯，實在是很麻煩，請問怎樣才能擺脫這些煩惱呢？」

禪師聽後，只以四字作答：「穿衣吃飯。」

那人聽了十分不解，一下子陷入了沉思：穿衣吃飯怎麼可以除去煩惱呢？

禪師很快就看破了他的心思，繼而斬釘截鐵地說道：「假如你還不明白，那你就穿衣吃飯吧！」

穿衣吃飯象徵著世間的勞碌。往往有許多人被世間一些繁碎瑣事弄得身心疲憊，整日於塵世間忙碌著，無法享受美好的生活。如何才能從勞碌中解脫呢？必須於世間的繁忙之中找回自己的那顆本心。以自身的本心去對待生活，原本的吃飯穿衣也就不會再成為煩惱了，反而可以長養佛性。

▌買土地的農民

有人對「世上什麼最可怕」這個問題十分不解，於是，他帶著這份困惑去請教定遠禪師。

禪師聽後，輕聲地以「欲望」作答，隨之講了一則故事：

一個農民想花五千元買地，他從賣主那裡得知，只要交上五千元，在一天內（從日出到日落）用步伐所圈出的地全都歸他，但最終必須回到起點。

不難預測，那個農民將會以一日的辛苦來換取最寬廣的土地。於是，第二日太陽一露地平線，他就出發了，一路向前疾走，一分鐘也沒有停下。在回頭已經看不見出發點的地方才想到拐彎。因為他的全力以赴，不知不覺間，眼看太陽快要下山了，但他已經離起點很遠了，不得不走斜路向起點趕去。可太陽馬上就要落到地平線下面了，由於他的力氣已經耗盡，在離起點兩步的地方，他倒下了，再也沒有起來。不過，倒下的時候雙手剛好觸到了起點那條線，他也就用自己的生命換來了那片「寬廣」的土地。

　　人們往往無法跨越欲望這條鴻溝，甚至會因為欲望過強而毀滅了自己。人心難滿，貪慾無止境，人們就這樣在生活中逐漸迷失了自我，這也正是人性最大的缺憾。

▌珍惜現在

　　親鸞上人是日本一位著名禪師，在他九歲的時候，父母雙亡，便強烈要求慈鎮禪師為他剃度。

　　慈鎮禪師問他這麼小就出家的原因。親鸞說，他是為了探究人的死亡和他一定非與父母分離不可的原因，才一定要出家的。

　　慈鎮禪師聽罷，表示願意收他為徒，但由於時間已經不早，想來日一早再為他剃度。

　　親鸞聽後，非常不以為然：「師父！雖然您說明天一早為我剃度，但我畢竟年幼無知，不能保證自己出家的決心是否可以持續到明日。更何況師父年事已高，也不能保證明日清晨依然健在！」

　　慈鎮禪師默然嘉許，隨即便為他剃度了。

　　世事多變，重要的是珍惜現在，把握當下，充分利用好現有的時間，去完成應該做的事情，如此才能於種種累積中成就一番事業。

▌吃雞治病

　　從前，一個醫術高明的醫生在診斷完身患重病的病人後，為他開出一劑藥方，也很簡單，就是吃一種野雞肉。那病人卻在吃了一隻野雞之後，就再也不吃了。他總以為自己在食用了一隻野雞肉之後，自身的重病已經痊癒。

　　殊不知，治病也是需要一個過程的，透過一定時間的藥物服用以產生病原的抗體，從而逐漸消除病魔，身體達到康復。而不願在艱辛中去追求成功

的人注定會失敗。回歸到佛學中來，如果那身患重病的病人能真正得到那位高明醫生的點化，心靈必將達到解悟。

任何的事物的變化、發展都必須經過一個過程，由量的變化逐漸達到質的變化，不能一蹴而就。

▌雲水隨緣

法眼文益禪師在先前參禪的日子裡，異常用功，但始終不能契悟入道，因而特別苦惱。經過再三考慮之後，他決定雲遊四方，以吸收淵博的知識來參悟禪道。

一次，在雲遊的途中遇到一場大雨，他便在一座地藏院掛單，寺裡的知客師問他要去哪裡。

禪師說他只是隨便走走而已，並沒有明確的目的。

知客師聽後，便詢問禪師對四方來去的雲遊方式的感受。禪師只以四字作答：「雲水隨緣」。

知客師卻認真起來，肯定地說：「『雲水隨緣』便是逍遙自在了。」

禪師聽後，頓時領悟了逍遙自在的精義。

人生在世，總是忙於東奔西走，疲於追求各種虛幻的東西，難得逍遙自在一回。雲水隨緣，看似簡單，真正做到卻是何等困難。時刻保持一顆常心，才能享受生活中無窮的樂趣。

▌最後一課

有一天，弟子們都坐在禪師周圍，聽從師父講解人生的哲理。

可是禪師一直默然無語，過了不久，才問弟子們如何除掉曠野裡的雜草。弟子們聽後，面面相覷，都不敢相信禪師的問題會如此簡單。

一會兒弟子們便議論開了，你一言我一語，好不熱鬧。

甲說：「我可以用鏟子把雜草全部鏟掉。」乙說他能一把火將草燒掉。丙卻說可以將石灰撒在草上以去除雜草。

聽了前三位的發言後，丁發話了：「你們的方法都不能根除，斬草必除根，因此要將草根挖出來。」他說得可是一臉自信。

禪師在聽完弟子們的意見後，微笑地點了點頭，繼而便叮囑他們將草地分成幾塊，各人依照各自的方法去除雜草。並約定來年再在此相聚。

第二年的這個時候，弟子們早早就來到了這裡，看到的是金燦燦的莊稼，這也是他們經過多次試驗後所採用的方法，並成功地除去雜草。但他們知道，師父不會來了，他已經仙遊去了。那也是禪師為他們上的最後一課，弟子們內心充滿了感激和懷念。

要去除曠野裡的雜草，只有在上面種上莊稼。回歸到人的心靈，必須時刻注意修養自身的美德，才能使自己的心靈「綠意盎然」。

▌莊周夢蝶

一位小和尚對於快樂之事十分疑惑，便帶著這個問題去請教禪師。

禪師並沒有非常明確地說明，卻對他說了一個故事：

莊周一直生活在痛苦當中，沒有知己，他必須強迫自己摒除雜念，才能堅強地生活下去。

一天黃昏，他實在想放鬆一下，便去了郊外。那裡有一片廣闊的草地，綠油油的草散發出芳香。他仰天躺到了上面，盡情地享受著，不知不覺就進入了夢鄉。在夢中，他成了一隻色彩斑斕的蝴蝶，在花草叢中盡情的飛舞著。上有藍天白雲，下有金色的大地，周圍的景色也十分迷人，一切都是那麼的快樂與溫馨。他完全忘卻了自我，整個人都被美妙的夢境所陶醉了。

終歸夢有醒時，但他對於夢境與現實無法區分。過了許久，清醒後的他才發出一聲感慨：「莊周還是莊周，蝴蝶還是蝴蝶。」實際上，那隻舞動著絢麗的翅膀、翩翩起舞的蝴蝶便是他自己，而現在的莊周卻沒有什麼變化，不過他的心態已經大有轉變，也正因為這樣，他終於在片刻的夢境當中領略到了真正的幸福。

人生處處都有快樂，關鍵在於我們能否以一顆快樂的心去看待事物。如果能如莊周一樣，一隻小小的蝴蝶飛入他的心都能讓他倍感幸福，那麼，對於世間萬物，他都能從中領略到快樂與幸福。

▊早餐涼了

龍牙禪師博覽群書，善談妙理。

有一次，一個剛入禪門的弟子，在第二天吃早餐的時候迫不及待地向他請教：「禪師，我想向您請教幾個問題：第一，我們的靈魂能不能不朽？第二，我們的身體定會化為烏有嗎？第三，我們真的會投胎轉世嗎？第四，假如我們能投胎轉世，是否還能保留前世的記憶呢？第五，禪能讓我們解脫生死嗎？……」

那弟子接連問了十幾個問題，還準備繼續發問，突然被禪師的一句話打斷了：

「你的早餐已經涼了。」

坐而論道，不如務實參禪。永遠活在當下才是最重要的。而有一些人往往活得異常飄渺，彷彿置身於空中樓閣一般，不切實際，自然不會有什麼成就。只有腳踏實地地過好每一刻，實事求是地做出自己的人生規劃，並照其一步一步去執行，才能鑄就自己成功的人生。

心靈的重量

　　鏡虛禪師與他的徒弟滿空走在山間小路上。徒弟肩上背著行囊。一路行來，他總是喊累，不時要求歇腳。禪師卻健步向前，對於徒弟的要求不予理睬，滿空在後面跟得氣喘吁吁。

　　恰逢一日，兩人過一村莊，徒弟仍在嘀咕。禪師見一婦女從家中走出，立即衝上前握住她的雙手，嚇得她一聲尖叫。那婦女的家人都以為有人非禮婦女，於是齊聲喊打，朝著師徒倆猛追。禪師不顧一切地奔逃，滿空背著行囊也絲毫不敢落後。

　　在經過一陣猛跑之後，終於擺脫了那幫村民的追捕。此時，禪師停下來問徒弟是否還覺得行囊很重。

　　「真奇怪，剛才倒是一點也不覺得行囊重了。」滿空回答道，臉上還流露出驚訝之色。

　　萬物唯況，輕重隨心，對於行囊的輕重在於自己如何看待。我們必須放下心中的一切包袱，讓自己的心靈空起來，這樣步伐才會輕鬆，行路方能一日千里而不覺累。

　　人生之路也是如此。

何處無佛在

　　馬祖道一禪師有一次在打坐時，忍不住朝佛像身上吐了一口痰，侍者見了很不以為然，責備道：

　　「老師！您怎麼可以把痰吐在佛身上呢？」

　　道一禪師立即又咳嗽了兩聲，然後反問侍者：「虛空之中到處都有法身，我現在還要吐痰，請你告訴我，到底往什麼地方吐好呢？」

　　侍者茫然不知如何回答。

於是禪房裡又恢復了寧靜，禪師繼續著他的坐禪。

見相真實而又不執於相，心無造作，隨緣就勢，那才是禪者的真風采、真境界。但若是沒有達到真正悟道，仍會被外相所拘執，難以解脫。

生活中的條規理當遵守，但是我們應當擁有一顆超然物外的心，面對世間萬物泰然處之，才能體悟到生活中的禪。

▍佛祖與侍者

南陽慧忠國師身邊有一個侍者，他已經服侍了國師三十年，一直忠心耿耿。故國師想幫他早日開悟。

一日，國師像往常一樣喊「侍者」，侍者一聽到國師在叫他，立即答應著。

國師對於他如此普通的回答無可奈何，便重複了好幾次，聽到的卻是侍者同樣的回答。

過了一會兒，國師對著侍者喊道：「佛祖！佛祖！」

侍者聽到國師的呼喊，十分不解，便問國師：「您是在叫誰呀？」

國師無奈，但心知他生資愚笨，便對他說道：「我叫的就是你啊！」

侍者聽了，越發迷惑，於是說道：「國師，我不是佛祖，而是你的侍者呀！」

實在是一個不可教化的人，國師無可奈何地說道：「你真是太辜負我了。」

許多人難以取得成功，往往是過於輕視自己，不相信自己所蘊藏的巨大潛力。就像那位侍者，只承認自己是侍者，而不承認自己是佛祖，實際上佛祖與眾生並沒有區別。佛祖之所以能成為佛祖，是因為他相信自身普度眾生的能力，承認自己是佛祖。我們應該學會從靈魂深處去體會生命的真諦，相信自我，展現自我，淋漓盡致地去挑戰自己的潛能。

▌敬鐘如佛

一日，奕尚禪師從禪定中起來時，剛好傳來陣陣悠揚的鐘聲。禪師立刻被那種與眾不同的鐘聲吸引了，他仔細聆聽，神態極其專注。待鐘聲一停，便向侍者詢問道：「早上司鐘的人是誰？」

侍者回答道：「他是新來的，才來沒幾天。」

於是禪師便要侍者將他叫來，問道：「今天早上你司鐘的時候是什麼樣的心情呢？」

他不知禪師為何如此問他，回答道：「沒有什麼特別的心情，只是當一天和尚敲一天鐘。」

禪師說道：「不是吧？你今天早上司鐘的時候，心裡一定在唸著些什麼，否則，你不會敲出這樣的鐘聲的。因為我今天聽到的鐘聲特別高貴響亮，只有真心誠意的人才能敲出這樣的聲音。」

那個小和尚沉默了一會，然後說道：「其實我也沒有刻意唸著什麼，只是在我尚未出家之前，家師時常告誡我，做什麼事都要用心，打鐘時就應該想到鐘即是佛，並且敬鐘如佛。」

禪師聽後面露喜色，又提醒道：「往後行事時，都要保有今天早上敲鐘的禪心。」

俗語說得好：「有志無志，就看燒火掃地。」凡事用心，定可成功。無論大事小事，我們都必須認真對待。一旦養成了事事虔誠的習慣，則毋須擔心何事不成了。

▊無道心

文道是個雲水僧，久慕慧薰禪師的道風，所以不遠千里，來到禪師居住的洞窟前，說道：「求學文道，素仰禪師高風，專程前來親近、隨侍，請禪師慈悲開示。」

因為天色已晚，慧薰禪師便說：「日暮了，就在此一宿吧！」

第二日，文道醒時，慧薰禪師早已起身，並將粥煮好了。用餐時，因洞中沒有多餘的碗可用，慧薰禪師就隨手在洞外拿了一個骷髏頭，盛粥給文道。文道不由躊躇起來，不知道是否該接，慧薰禪師就說：「你無道心，非真正為法而來。你以淨穢和憎愛的妄情處事接物，如何能得道呢？」

道不可以相求。人們的心裡如果能去除常人的分別之心，便可為日後種下得道的因緣。回歸到現實當中，「吃得苦中苦，方為人上人。」只有去除那種紈絝之氣和淨化挑肥揀瘦之心，才能成就一番事業。

▊摩尼珠

曾經，佛陀在靈山會上說法時，手裡拿著一顆摩尼珠，讓四方天王一睹摩尼珠，並問他們那珠子到底是什麼顏色。

四方天王看完以後，分別說是青、黃、赤、白等不同的色澤。

於是，佛陀便將摩尼珠收回，張開手掌再問四方天王手中珠子是何種顏色。

天王不解佛陀心意，不約而同地回答道：「您手中什麼東西都沒有，哪來的摩尼寶珠呢？」

佛陀聽完，很不滿意，便對四方天王說道：「我將世俗珠子給你們看，你們都會分辨它的顏色，但真正的寶珠在你們面前，卻視而不見了。真是有眼無珠啊！」

四方天王於言下有所悟。

人生在世，就應該努力開採內心的寶藏，讓自己逐漸獲得解脫。佛祖手中的摩尼寶珠，實質上就是指人的真心佛性。但人們往往對於這些視而不見，反被塵世的浮華迷惑了雙眼，以致整日生活在昏昏沉沉當中。

▌痛看野鴨飛

馬祖創叢林，百丈立清規，兩位禪師是禪門中的兩大功臣。

有一次，兩位禪師在寺外聊天散步，突然看見一群野鴨子飛了過去。馬祖問道：「那是什麼？」

百丈不假思索地回答道：「一群野鴨子。」

馬祖又問：「飛到哪裡去了？」

百丈答：「飛過去了。」

馬祖聽了，就用力捏了一下百丈的鼻子，百丈大聲叫痛。

馬祖責備說：「不是已飛過去了嗎？叫什麼呀。」

百丈當下大悟，回房後大聲哭泣。學僧們問他原因，百丈便要他們去問老師。

大家就去問馬祖禪師怎麼回事。

馬祖禪師笑了笑，說：「他自己知道，你們去問他吧！」

大家只好再回來問百丈，卻見百丈正在哈哈大笑。大家不解，就問他：「你剛才哭個不停，為什麼現在又笑起來了呢？」

百丈禪師認真地說：「我就是剛才哭，現在笑。」

大家被弄得不知所以。

飛過去的是野鴨子，但飛不過去的卻是當下一念明朗無染的心。只有永保這樣一顆內心，才能笑看世間萬物，輕鬆愉快地去享受生活中無窮的樂趣。

▌冷暖自知

禪宗六祖惠能大師從五祖黃梅那裡得到衣鉢心印後，怕人因妒加害，即刻向遠方逃逸。但還是走漏了消息，一時僧眾紛紛追趕而來，都想搶得衣鉢。後來，一位叫陳慧明的禪僧追上了六祖，但自稱不是為了衣鉢，而是為了求法，因此懇請六祖接引。

於是，六祖說：「既然你是為求佛而來，那麼希望你先拋棄一切外緣，斷絕一切思念，我再為你說法。」

過了一會兒，六祖接著說道：「你不要想到善，不要想到惡，就在這個時候，請問什麼是你的本來面目？」

聽了這話，慧明立刻大悟，於是又要求六祖再告訴他一些祕密的意思。

六祖說道：「我能告訴你的，就不是祕密的意思了。如果你能反照自己，祕密就藏在你心中。」

慧明聽了，非常感激地說：「我在弘恩大師門下這麼久了，卻不知道自己的本來面目。現在，謝謝您的指點，使我感覺得道是『如人飲水，冷暖自知』。現在，我明白自己的一切了。」

人世間又有多少人能真正了解自己的本來面目呢？不識廬山真面目，只緣身在此山中。人們往往忙於世間的一些繁雜瑣事，卻忽略了對自身的認識，從而難以在為人處世中實現真正的自我。

▌方丈與乞丐

一天，一個只有一隻手的乞丐來到一座寺院向方丈乞討，方丈便讓他將門前的一堆磚搬到後院去。

乞丐聽了，有點生氣地說道：「我只有一隻手，怎麼搬呢？」

方丈一言不發，用一隻手搬起一塊磚便往後院走去。乞丐見狀，只好用一隻手搬起磚來。他整整忙碌了兩個小時才把那些磚搬完。

於是，方丈給了他一些銀子，乞丐接過錢，很感激地作揖道謝。

方丈卻說：「不用謝我，這是你自己賺的錢。」

「我會記住你的。」乞丐說完後深深地鞠了一躬，便上路了。

過了一段時間，又有一個乞丐來寺院乞討。方丈把他帶到後屋，讓他把以前那堆磚搬到屋前去，並說這樣才給他銀子。但是，這個雙手健康的乞丐卻鄙夷地走開了。

弟子們十分不解，師父如此反覆搬動那堆磚，究竟是出於何意呢？便請教禪師。

方丈意味深長地對著弟子道：「磚放哪都是一樣的，但是搬與不搬對於乞丐來說可就大不同了。」

過了許多年，一個很體面的人來到了寺院，捐獻了很多香油錢。他氣度不凡，美中不足的就是這人只有一隻手，原來他就是那個用一隻手搬磚的乞丐。自從方丈讓他搬磚以後，他找到了自身所蘊含的潛能。並且依靠自己的努力，終於取得了傲人的成績。

一個人應該具備兩種最基本的品格：一是要靠自己的努力；二是要靠自己的頭腦思考。尤其在這個競爭激烈的時代，只有完美結合腦力和體力，才能取得成功並創造出幸福。

▋找一個坐處

蘇東坡大學士和佛印禪師常常在一起參禪論道。

一日，佛印禪師登壇說法，蘇東坡聽說後，也趕來參加，但此時已經沒有空位了。禪師便說：「人都坐滿了，此間已無學士坐處。」

蘇東坡一向好禪，馬上機鋒（禪宗術語，指一種充滿深刻意涵的對話方式）相對：「既然此間無坐處，我就以禪師四大五蘊之身為坐。」

禪師眼見蘇東坡要與自己論禪，就微笑著說道：「學士！我有一個問題問你，如果你回答得出，那麼老和尚的身體就當你的座位；如果你回答不出來，那麼你身上的玉帶就要留在本寺作為紀念。」

蘇東坡很爽快地答應了禪師的條件。佛印禪師說：「四大本空，五蘊非有，請問學士要坐哪裡呢？」

蘇東坡一時為之語塞，只好認輸，解下腰間的玉帶遞給佛印禪師，大笑而去。

我們的全身不過是地、水、火、風，沒有一樣實在，如何能夠安坐呢？東坡居士只能俯首認輸。

真是「天外有天，人外有人」。因此，我們在生活中，必須經常保持一顆謙遜的心，善於取人之長，補己之短，而不要自命清高，如此才能在社會上有所作為。

▌禪師的書法

有一個秀才自稱會寫二十四家風格的書法，便自命清高，心中有一股傲氣。

一次，他去參訪道明禪師，也向禪師炫耀自己在書法上的造詣。禪師不答，卻用手中的拄杖在空中點了一點，問秀才：「你會這個嗎？」

秀才茫然不知所措，無言以對。

道明禪師便開示道：「還說自己會寫二十四家風格的書法，連永字八法都不認識。」

其中，那個秀才雖是懂得書法，但禪師更明瞭懂得書法的心。

我們應該時刻以道明的禪心去生活，以一顆明明白白的心去行事，如此就能臨近道明的境界。

█杯茶映乾坤

稽山章禪師還是一個雲遊僧時，曾經在投子禪師座下參禪，司柴頭一職。

一日，章禪師辦完事，在禪院裡遇見了投子禪師，投子禪師遞給他一杯茶以表慰勞。

投子禪師一手遞給他茶，一邊問道：「這杯茶如何？」

章禪師雙手接茶，說道：「包羅萬象盡含其中。」

投子禪師繼續問道：「假如一口喝盡，又會怎麼樣呢？」

章禪師聽完，一甩手將茶潑掉，問道：「包羅萬象現在何處？」

「可惜一杯茶。」投子禪師說道。

章禪師話鋒一轉：「這只是一杯茶？」

投子禪師沉默了一會兒，朗聲重複道：「雖是一杯茶，但包羅萬象盡含其中啊！」

章禪師聽了，無言以對。

一杯茶雖少，但可映乾坤，心雖無相，卻可包羅萬象。生活的真趣在禪機盎然的靈動；人心的豐實在圓滿無缺的精神。人們可從世間萬物中體會出許多奧妙。

▌大廈之材出幽谷

慧能的老師即五祖弘忍禪師，定居黃梅雙峰山東山寺，聚眾講禪，弟子達七百多人，南禪、北禪都出自他的門下。他有段語錄講述在山林培養人才的意義。

僧人問道：「做學問為何不在都市之類人口聚居的地方，而要在僻遠的山裡呢？」

弘忍禪師答道：「建築高樓大廈之木材，本來就是產在幽深的山谷，而不是生長在人群聚居處。遠離了人們，就不受刀斧砍折損傷。日後長成大樹，就能作為棟梁之用的材料。由此得知，在深山幽谷裡培養，遠遠地躲避開了塵世的干擾，在山中修身養性，長期擺脫世俗事物，使眼前沒有雜物事務，心中自然寧靜。從此就能使道樹開花禪林結果了。」

弘忍禪師蕭然淨坐，不著書立說，只憑口說禪理，默默地傳授學人。他闡述了「大廈之樹，本出幽谷」的道理，對現在的人來說也是很有啟發的。

我們在不斷的學習當中，應該保有一顆平常心，不驕不躁，腳踏實地地完成每一步學習，如此「滴水成海」，在學業上定會有所成就。

▌武術中的禪道

相傳少林和尚覺運在少林寺習武多年，仍未達到「心意把」。他開始遊方拜師，以求進步。

經過千辛萬苦，終於拜到一位武功高強的師父。師父每天除了帶他上山砍柴之外，並未教他什麼高招。三個月過去了，覺運沉不住氣了。師父看出了他的心意，一天傍晚帶他出去散步，來到樹林中的一塊石頭前。只見師父屏住氣，雙目圓睜，伸出兩個手指，向石頭輕輕一點，石頭便齊刷刷從中間裂開了。

覺運驚得目瞪口呆。師父說：「你從少林來，應該明白少林武功講究心法。心法就是內功，內功乃解脫生死之功也。參貫禪機，解脫於生死畏怖之域，方能心定神清，眼力到處，威猛如獅，銳如鷹猿，此乃拳術極致所在。希望你能習之精熟，自能解悟。」

覺運深服師父之言，刻苦習練，終成禪學高僧、武林高手。

禪與武術是「禪拳一如」、「拳禪合一」的關係。習武是從屬和服務於禪的，而要練成上乘武功，光靠苦練不行，還須有悟性，悟性從何而來？從習禪來，有了禪定，才能達到武術的最高境界——「心意把」。

回到現實生活，我們在日常的學習和工作中，也應該將勤奮和悟性結合起來，才會學有所成、事業步步高升。

▎真實的生活

宋代有位高僧辯首座，住廬山棲賢寺。俗姓不詳，因精通佛法，辯難釋疑，被推為「首座」。

辯首座常穿一身破僧袍，腳蹬一雙破草鞋，攜一竹杖，過九江。東林寺的混融和尚見他如此打扮，便喝斥他道：「身為寺院裡的首座，應當為眾僧的模範，你的舉止如此，不是自己輕視自己嗎？禮法全被你破壞了！」

辯首座卻笑著說：「人生以適意為樂，我有什麼過錯啊？」說完，提筆寫了一首偈詩：勿謂棲賢窮，身窮道不窮。草鞋行似虎，拄杖活如龍。渴飲曹溪水，飢吞栗棘蓬。銅頭鐵額漢，盡在我山中。

混融和尚看了這首詩後，心中非常慚愧，深感自己的修行遠遠沒有達到辯首座的程度。

實際上，禪並不要求人們循規蹈矩，也不要求人們放棄自己的意願而過那種死板教條的生活，它主張適意人生，過真實的生活。而真實的生活，是一個人把種種罣礙、妄念、塵勞和煩惱拋卻之後，不為物欲所纏繞，不被成

見所障蔽，不受情緒的干擾，順性而不被妄言蠱惑的生活。達到了這種境界，才算得上是真實的生活。

▌笑對人生

從前，有一個老婆婆在草庵裡供養一位修禪者長達二十多年。

有一天，老婆婆有意讓自己美貌如花的女兒去親近那位禪者，禪者不僅無動無衷，還寫了兩句偈詩：枯木依寒岩，三冬無暖氣。

老婆婆對禪者的表現非常憤慨。她說：「我二十年來供養一個俗漢！」於是，她燒掉草庵，趕走了那個禪者。

禪是生動活潑、洋溢著勃勃生機的辯證的人生哲學。它不是死板生硬的說教。它要求人們實實在在地為人處事，勇敢地衝破樊籬，面帶微笑地對待生活中的苦與樂。

在現實生活中，我們更應該具有活潑愉快的性格、廣闊遠大的胸襟、淨化安寧的心地，面帶微笑處理人生中的一切，包括生活中的順境、逆境，也包括生活中的快樂和煩惱。

▌自家寶藏

唐代越州有個叫大珠慧海的禪師，他是有名的馬祖道一的弟子。

有人問他：「什麼是佛？」他說：「請看清對面，那不是佛是誰？」

大家一齊朝潭的對面看去，只見青山連著青山，哪裡有佛？

大珠見眾人為惑不解，就講了一個他初見馬祖的故事。

當年他初次參拜馬祖道一禪師。馬祖問：「你是從哪裡來的？」

大珠答道：「從越州大雲寺來。」

「你來我這裡做什麼？」

「我來大師處求佛法。」

「我這裡一無所有，求什麼佛？自家寶藏都不顧，拋家離舍做什麼？」馬祖開始點化他。

大珠十分詫異地答道：「不知哪個是自家寶藏？」

馬祖正面開示他道：「就是現在站在我面前問話的這個人啊！你便是自家的寶藏。一切都具備和充足，無所欠缺。使用起來自由自在，何必再向外求取呢？」

大珠於馬祖言下頓然開悟。

其實，他就從中認識了、在乎了被他「擁有」而又被他「忽略」的那個「自我」，即領悟了本心自性。我們也應該在不斷認知自我的基礎上，逐漸發掘自身蘊含的無限寶藏。

▌小和尚掃樹葉

秋天到了，樹葉紛紛落下。有個小沙彌，每日清晨負責清掃院子裡的樹葉。

清晨起床掃落葉實在是一件苦差事，他每日早上都要花費許多時間才能清掃完樹葉，這讓小沙彌頭痛不已。

他便向眾人諮詢有什麼好辦法能讓自己輕鬆一點。一天，有個和尚對他說道：「你在明天打掃之前用力搖樹，把樹葉通通搖下來，後天就可以不用掃落葉了。」

小沙彌聽完，覺得這是個好辦法。於是，他在第二天清晨猛搖樹幹後，將所有的落葉都清掃乾淨了。他也十分高興，認為終於可以休息一清晨了。

但在第二天，小和尚卻見院子裡如往日一樣是落葉滿地。這時，老和尚走了過來，對著小沙彌說道：「無論你今天怎麼用力，明天的落葉還是會飄下來。」

小沙彌聽後有所省悟。

世間有許多事情是無法提前的。因此，我們只能認真地活在當下，這才是最實在的。切忌預支明天的煩惱，用微笑面對一切，用一種平和、安詳的心態去貼近生活、擁抱生活。

小和尚掃樹葉

定、靜、安、慮、得：人生禪學簡單入門課
生活篇

情感篇

美滿人生不在物質、權勢、名利及地位，而在人與人之間的關愛與情誼。其實，我們時時刻刻體驗著情感，也只有被情感所充實的生活才有意義和價值。

▌母親的愛

惠心禪師還是個十五歲的沙彌時，因為聰明伶俐，受到了皇帝的召見，得到不少賞賜。惠心將皇上的賞賜送給故鄉的母親，以表孝心。不久，母親便回信表達了不同的看法：

「你給我東西，是來自皇上的賞賜，我當然十分喜歡。但我當初送你學道為僧，是希望你當一個有修為的禪者，並不想你一生都在名利場中生活。如果只好世間虛榮，就是違背了我的心願。希望你想想什麼叫『真參實學』、什麼叫『人天師範』！」

讀完母親的信後，惠心沙彌便立志成為一個真正弘法度眾的禪者，不再汲汲於名利。

後來有一次，惠心思念母親，就託人告訴母親說，準備明年夏天向師父請假，回鄉探母。不久，母親又來信告誡道：「我既已送你出家入道，你就已經是佛門所有，一切眾生所有，已經不是母親一個人的了。從今以後，你應該是如來的「佛子」，孝順師長，親近三寶，不可只以母親一人為念！明年夏天返鄉探親之舉，應該打消！」

經過母親兩次教訓，惠心潛心學道，發心立願，終於成為一個真正的僧寶禪者。

「可憐天下父母心」。如果父母真正愛惜子女的話，就應該盡力去幫助他們從生命中獲得解脫。因為自己畢竟會老去，當自己無法照顧孩子時，可以讓天地間的法理去照管他們。

▌浪子回頭

覺寬禪師將畢生的精力都花在了修行參禪上，不知不覺間，年老的他成了一代高僧。

一日，從同鄉那裡得知他的外甥因不務正業，快要傾家蕩產了。老鄉希望他能回鄉一趟，勸慰一下外甥。

年老的覺寬禪師回到了家鄉，也見到了闊別已久的外甥。倆人相聚十分開心。當晚，洗漱完上床休息後，禪師在床上禪坐了一夜。整個過程中都沒提及外甥的不良行為。

第二天早上，禪師即將離去，突然，叫住外甥替他繫草鞋鞋帶。外甥十分高興地幫他繫好了。此時，禪師慈祥地說道：「孩子，人會一天一天地變得衰老，你自己要保重，把握當下，好好做人，好好做事。」

從此以後，禪師的外甥一心鑽於自己的事業上，很快便扭轉了傾家蕩產的敗局，事業也蒸蒸日上。

假如覺寬禪師是用苦口婆心的方式，大概就難以令外甥浪子回頭，正是禪師的以情動人感化了外甥，使得外甥在最後一刻覺醒。

▍愛的教育

道信禪師是一位得道高僧，備受大家尊崇，座下的弟子眾多。

一次，他的一位弟子因行竊被人抓住了，大家都說他敗壞師門清譽，要求師父將其逐出師門。可是禪師卻拒絕了，並用自己的寬厚仁慈之心原諒了那個學生。

但是，那個弟子卻不知悔改，反而繼續行竊，再次被人所抓。此次，禪師仍然沒有對他予以處罰，引起了其他弟子的不服。他們聯名上書，表示如果再不處罰那人，他們就集體離開。

禪師見了那份聯名上書，備感欣慰，從中可知他們能夠明辨是非，但是對於一些更深層次的東西尚不能領悟。於是，便把那些聯名上書的弟子叫到跟前，意味深長地說道：「你們認為我教得不對，完全可以離開我。不管怎

麼樣，即使你們全離開我了，我也不能讓那個行竊的弟子離開，因為他還不能明辨是非，需要我的教導。」說罷，便回禪室了。

從此以後，那位行竊者再也不偷別人的東西了。原來他私下裡聽到了禪師的那番話，十分感動，決心要改過自新，以報師恩。

俗語說，金無足赤，人無完人。但是我們可以讓每個人不斷地改正缺點完善自我。這也要求我們必須用寬厚仁慈之心去對待他們。不斷地關愛他人，讓這個世界變得更加美好。

▌學會寬容

一個月明的晚上，大相寺的覺慧禪師在散步時發現了牆角的一把椅子。不難推知，有人違規出寺去了。但禪師沒有聲張，只是悄悄地搬開那椅子，就地蹲著，等待那位出家人的回歸。

不一會兒，只聽見「嗖哧」一聲，一個小和尚翻過圍牆，習慣性地跳進了院子。但此時卻發覺腳底軟綿綿的，待雙腳落地後，方才發覺剛才踏的不是椅子，而是自己的老師。頓時驚嚇不已，不知怎麼辦才好。可禪師卻沒責備他，反而囑咐他去加件衣服。

老禪師用寬容來教育自己的弟子，後來也沒有再提起這件事情。但此方法十分奏效，從此以後，再也沒有人夜裡越牆出去了。那個小和尚也嚴於律己，認真地參悟佛學，終於成為一名得道的高僧。

寬容是一種無聲的教育，但此方法能給人冷靜反省的空間，從而在醒悟後達到自戒自律的效果。甚至可以說，寬容在某種意義上成就了一名優秀的禪師。

偷不去

良寬禪師是日本的一位有名的高僧。他住在山腳下的一間茅屋中，整天參禪度日，生活十分清淡。

一天晚上，適逢禪師外出，小偷卻光顧了他的茅廬，翻箱倒櫃，卻沒有發現一樣值錢的東西。

正在他失望之極，準備離開的時候，禪師回來了。禪師一見這個小偷，便對他說道：「你來一趟也辛苦，但老僧實在是沒有什麼值錢的物品，為了不讓你空手而回，唯有把我身上的衣服當作禮物送給你。」

小偷聽完一時不知所措，過了一會兒，他還是不自覺地拿起衣服跑了。

禪師身上只穿著內衣褲，但一見天上的明月，心裡便想，假如我能把這美麗的月色也送給他，那就好了。

禪師捨棄了衣服，小偷從中得到的卻是一份大慈悲，從而感化他棄惡從善，不再執著於世間萬物。就如禪師那樣，連自身衣物都能捨棄給人，問世間有幾人能夠做到。一旦自己內心修養達到了這種境界，想必他也能安貧樂道，學會在生活中尋找樂趣了吧！

不是你的話

從前，文偃禪師為了向雪峰禪師面請玄機，不遠千里，專程趕往雪峰莊。

在雪峰山下，他碰到了一個學僧，並得知那學僧當日上山。便請他帶上幾句話給雪峰禪師，但不能說是文偃所說。

當日下午，學僧來到山中，見方丈上堂，大眾才集合，他便出來握著手腕，立在雪峰面前說道：「你這個老頭子，脖子上的鐵枷，為何不脫下來？」

雪峰聽完，立即對著他喝道：「這不是你的話，快說！」那學僧卻矢口否認。等到雪峰禪師吩咐侍者去拿繩子棍棒時，他才如實招供那是從浙江來的文偃禪師叫他這麼說的。

雪峰一聽，便叫大眾去莊上迎接文偃禪師，並視他為眾僧的導師。

第二日，二位禪師見面後十分投緣，文偃便住在了雪峰莊，此後盡得雪峰真傳。

雖然雪峰禪師名聲顯赫，但仍有不足之處，此時，文偃便能從他身上看到枷瑣，並幫他彌補。這體現了修道人的慈悲為懷，這份慈悲比捨命相報更珍貴，它使兩人的心靈如此契合。真是難能可貴。一旦擁有這等慈悲，在堅持真理時，縱然斧鉞加身，也能面不改色，只會為對方的執迷不悟備感痛心。

▌截樹重生

大樹的根深且牢固，根之間相互纏繞，十分活躍。如果只截斷樹幹，照樣可以在根莖上發出新芽、長出新樹，與此同理的是我們的俗世情愛，假如不能從根本上斬斷情源，還是會讓人感到痛苦的。

問世間情為何物？直叫人生死相許。凡夫俗子最難看破的便是一個「情」字，因而難以擺脫紅塵之苦。情愛自有緣定，注定是你的，即使相隔千里，彼此也會成為對方今生的唯一；一旦緣份已了，即使強求又有何用，仍然無緣對面手難牽。這又何苦呢！一切皆隨緣，便不會有太多痛苦。

▌習慣是你養的狗

家犬自出生便與人共同生活，逐漸地和人類培養出深厚的感情，時間一長，即使人類驅趕牠們，牠們也不會走。山林中的野鹿則大不相同，牠們一見到有人來，便會驚慌失措，四處逃竄。

憤怒就好比人類所豢養的家犬，牠已與人類密不可分，要去除談何容易，因此有了人「易怒」這一本性；慈悲心便像那見人便逃的野鹿，難以在人心中落腳生根。

有人說過，生氣是用別人的錯誤來懲罰自己。既然如此，何不加強自己的品性修養，免得在發怒時傷人傷己。多給人關懷和愛心，人人都能慈悲為懷，如此，可獲得永久的安寧與幸福。

▌讚嘆的力量

一般人見到鬼，必定會嚇得魂不附體，而慧嵬禪師則不然，他能面不改色地與其交談。

禪師每天都在山洞內坐禪度日，有一次來了一名無頭鬼，禪師便對他說：「你原本就沒有頭，因而不會頭疼，真舒服。」說完，那鬼頓時就消失了。

過了一段時間，洞內又來了一個無體鬼，於是禪師說道：「你原本便沒有身軀，不會為了五臟六腑的疾病而痛苦，真是好幸福啊！」無體鬼聽後，很快也失去了蹤影。

接下來的日子裡，接連有鬼魂出沒。禪師一見無口鬼，便說沒有口最好，免得惡口兩舌，造業受罪；無眼鬼出現，他就說沒有眼是再好不過了，免得亂看心煩……如此下來，隨著時日的推移，幽魂野鬼不再來打擾禪師了。

從此，禪師一心修行，最終成為了一代名師。

瞧，連鬼魂都喜歡被人稱讚！我們更應樹立一種經常衷心稱讚他人的心態。如此不僅能讓自己身心健康、胸懷寬廣，而且能為人們帶來歡樂和動力，使自己行事更為靈活便利。一舉多得，何樂而不為呢？

▌一村菊香

一日，禪師從野外採回一朵菊花，便把它種在禪院裡。到了第三年的秋天，整個禪院都長滿了菊花，簡直成了一座菊花園。花香怡人，在山下的村子都能聞到香味。

於是，村民紛紛上山來欣賞菊花，他們忍不住讚嘆：「好美的花兒啊！」並且向禪師要求採幾朵花回去種在自己的庭院裡。在得到禪師的同意後，他們就開始動手挖花根了。前來要花的人接連不斷，過沒多久，禪院裡的菊花就被送得一乾二淨。

失去菊花的院子顯得十分寂寞，以至於弟子看到滿院的淒涼後，對著禪師感嘆道：「真可惜，原本應該是香味滿院的。」

禪師笑了，繼而說道：「這樣更好啊！三年後可是一村菊香。」

弟子聽完也看著禪師笑了，笑容是那樣的燦爛。

我們應該學會與他人共享美好的事物，讓每一個人都能感受到這種幸福。只有大家都擁有幸福，才是自己最大的幸福。

不要總為自己著想。其實，在看到別人臉上洋溢著幸福的笑容時，自己也會深深地體會到：原來與人分享比自己獨占更幸福。

▌已經謝過

夜裡，七里禪師誦經時，有一個強盜手持利刃闖進來恐嚇道：「快把錢拿來，否則殺了你！」

禪師頭也不回，安然說道：「不要打擾我，錢在那邊抽屜裡，自己去拿吧。」

強盜搜刮一空，正要轉身離開，七里禪師卻叫住他說：「不要全都拿走，留一些讓我明天買花果供佛。」強盜一愣，但仍依言留下一些香果錢。

強盜離開時，禪師又說道：「收了人家的錢，不說聲謝謝就走？」強盜心想，這和尚怎麼這麼囉嗦！隨便行了個禮，就跑掉了。

後來，強盜因其他案子被捕，衙門透過審問，知道他也偷過禪師的東西。當衙門請禪師指認時，禪師卻說：「此人不是強盜，因為錢是我給他的，而且我記得他當時還向我道謝。」

強盜十分地感動，便於刑滿之後特意拜在七里禪師門下，出家為僧了。

禪者普度眾生。他們能抓住極其微小的善念，讓人得度。真正體現了「我佛慈悲」的禪道。其實，世間眾人何嘗不應被開發出心中潛藏的善念呢？有善因必有善果，使自己不再為世上的浮華所苦惱，能夠清閒處世。

▎不許為師

兜率從悅禪師訪問密行的清素禪師時，非常恭敬。有次吃荔枝，正好經過清素禪師的住處，就恭敬地停下來說：「長老！這是我從老家帶來的水果，請您嘗嘗！」

清素很歡喜地接過荔枝，感慨地說：「自從先師圓寂後，已經很久沒吃到這種水果了。」

從悅問道：「長老先師是何大德？」

清素答道：「慈明禪師，我去他座下忝為職事十三年。」

從悅禪師非常驚訝地讚嘆道：「十三年來甘願忍受職事這樣的賤役，一定得到他的真傳了。」

清素禪師看著手中的荔枝，感激地說道：「我因福薄，先師授記，不許傳人。如今看你這般虔誠，為了荔枝之緣，我願破例為你印證！」

從悅禪師具道所見。

清素禪師開示道：「世界是佛魔共有的。最後放下時，要能入佛，不能入魔。」

從悅大師得道之後，清素禪師先喊道：「我今為你點破，讓你得大自在，但切不可說是承傳於我！你自有你的老師！」

態度決定一切。從悅就是在對前輩的恭敬中得道的。其實，大凡做事，都離不開「恭敬」二字。因此，我們必須培養自己恭敬的心，以良好的態度為人處世，才能取人之長，補己之短，從而巧妙地處世。

▌不求回報

日光和月光照在樹上，人們正是透過日月的光芒，才領略到樹上花兒的美麗。人們在讚美漂亮的花朵時，很難想到花朵背後的日月；花朵也從未想過它們的美麗之所以能夠呈現，其中有陽光和月光的一份功勞，也就不會想到要去報答日月的恩惠了。如來無所從來，無所從去，宇宙萬物都是其法身。自己關照自己本是理所當然，就像太陽與月亮一樣，只是溫暖地呵護世間萬物，從不期望有所回報。

古人說得好：先天下之憂而憂，後天下之樂而樂。盡可能多為別人著想，以自身的一份微薄之力幫助他人。不要總想著別人是否會給予回報，自己便會不自覺地從幫助他人中獲得快樂。當自己身處困境時，也會感受到「一方有難，八方支援」的幸福。

▌友情之花

唐代詩僧豐干、寒山、拾得被人們稱作桃園結義的劉備、關羽、張飛。又被人們分別喻為彌陀、文殊、普賢。這不僅是說他們之間的友誼可比先賢，同時也說明他們之間佛心相通，詩魂相系，詩友情深。

這三個人中以豐干年齡為最長，是天台山國清寺的和尚。他從路邊撿到一個孩子，抱回寺中，取名拾得，並將拾得養大。對拾得來說，豐干既是師父，也是父親，他們之間的感情可想而知。

寒山比拾得年長幾歲，在俗時習儒，由於看不慣社會的腐敗，後出家習禪。身住寒巖，因名寒山。當時拾得在國清寺當伙僧，每日將廚房所剩的飯菜裝進竹筒，寒山按時取走食用。

這三個人因有這種關係，加之性情相通，志趣相投，遂為詩僧三友。這裡有拾得的詩為證：「從來是拾得，不是偶然稱。別無親眷屬，寒山是我兄。兩人心相似，誰能徇俗情？若問年多少，黃河幾度清？」

三人中豐干走得早，寒山和拾得二人歸住天台的南峰岩洞中，最後死在一起。後人在岩洞裡撿到「寒拾舍利」，人們為了紀念寒山和拾得兩位友人崇高的友情，遂命南峰岩洞為「寒拾巖」。

禪僧之間或者僧俗之間的友情建立在彼此情投意合、志趣相同的基礎之上。他們不僅可為詩友禪侶，而且可引為知己，成為難捨難分的患難之交。

▌禪師的眼淚

有一次，空也禪師外出弘法。在經過一段山路時，忽然竄出許多土匪，個個面目凶悍，手裡還拿著刀劍，對著禪師索要「買路錢」。空也禪師見狀，不禁掉下了眼淚。土匪們看後，都嘲笑禪師膽小如鼠。

過了一會兒，空也禪師朗聲說道：「你們不要以為我流淚是怕你們。老僧早已將生死置之度外。我只是想，你們這些有力氣的年輕人，為何不去做正事，闖出一番事業來。如此下去，所犯罪過之大定會為國家法律、社會公德所不容。將來死後必打入地牢，經受萬般法難。其實，我是在為你們落淚啊！」

強盜們聽完，竟然拋下了貪圖之心，皈依佛門，拜空也禪師為師。

　　禪師以情動人，真正是以普度眾生為己任，使得一群惡人皈依我佛，並且從中得到了大清靜和大安樂。這些強盜見空也禪師竟為他們流淚，當下便斷掉了自己的世俗塵念，自此得到解脫。在禪師的行為中，體現了我佛慈悲為懷的心胸和真情實感。

定、靜、安、慮、得：人生禪學簡單入門課
情感篇

善惡篇

　　「善有善報，惡有惡報」。與人為善，追根究柢是與己為善。快快樂樂地善待生活，善待別人，善待自己，面帶微笑地用心過好每一天，或許就是生活的真諦。

▍人的三個缺點

無相禪師對禪學參悟頗深，座下弟子眾多。

一日，一弟子帶著一個問題去請教禪師。「人最大的、自身發現不了的缺點是什麼？」

禪師只用了六字作答：「愚昧、殘忍、怯懦。」

弟子聽完，十分不解，便要求師父詳盡地分析。

接著，禪師講了幾個關於愚昧、殘忍與怯懦的故事。

第一是愚昧：一位老太太八十歲時得了一個孫子，自然十分歡喜。並且親自以口餵孩子吃飯，結果過了一段時間，孩子便患肺病夭折了。原來那肺病就是被老太太傳染的。當老太太知道事情的真相後，悲痛欲絕，於是上吊自殺，兒媳婦也成了瘋子。這就是愚昧所造成的後果。

第二是殘忍：當有戶人家失火了，一些人都在四周看熱鬧，絲毫沒有同情之心，更不用說伸出援手、幫忙救火了；有些人甚至還因為火滅得太快而感到掃興和失望。其中不難看出這些人的殘忍。

第三是怯懦：人們或者怕丟面子，或者怕受傷害，或者害怕失去自身所擁有的，於是他們整日生活在提心吊膽之中，實在是怯懦之極。

既然我們已經知道，愚昧、殘忍和怯懦是人最大的缺點。我們就應加強自身的修養，逐步去除愚昧、殘忍和怯懦的劣根性，繼而不斷完善自我、成就自我。

▍誰的罪過

在江邊，一個船夫正將沙灘上的渡船推向江裡，準備載客過江。這時，一位居士在江邊散步，見狀若有所思。恰逢一位禪師從身邊走過，居士便叫

住了他，並作禮請示道：「請問禪師，剛才船夫將船推入江時，將河灘上的螃蟹、蝦、螺等壓死不少，請問這是乘客的罪過？還是船夫的罪過？」

「這既不是乘客的罪過，也不是船夫的罪過！」禪師毫不猶豫地答道。

居士聽完，心中十分不解，兩者都無罪過，那到底是誰之過錯呢？繼而又請教禪師。

禪師雙眼圓睜，朗聲說道：「這是你的罪過！」

船夫為了生活而賺錢，乘客為了事務而搭船，蝦蟹為了藏身而被壓，到底是誰之罪過？「罪業本由心造，心若無時罪亦無」。無心怎能造罪？縱有罪，也是無心之罪。這位居士無中生有，妄自分別，確是有罪。只要我們心存善良，待人接物不存惡意，定會深深地感覺到：原來世間的一切是這般美好！

▌不求回報

人們經常對著菩薩祈禱，要求賜予更多的幸福，此舉往往是靈驗的。想像一下，一旦世間眾生不再知恩圖報，那菩薩會怎麼做呢？是不是從此便十分怨恨眾生了？不！反而，他會繼續不遺餘力地幫助他們消除煩惱和痛苦，因為他的付出不求一絲回報。要說回報，眾生也無以為報。

回歸到現實，我們在幫助別人時，不能帶著目的，圖有回報。如果你能經常性地與人為善，心情定會怡然自得；萬一陷入困境，眾人也會毫不猶豫地伸出援助之手。人人如此，整個世界將變成一個美好的樂園。

▌常念觀音虛作侍

一位山僧獨自生活在庵中，卻有一大一小兩隻老虎為伴，他每天在參禪中度日，也備感愉悅。

有一次，觀察使裴休來拜訪他，只見禪師孤身一人，便問他是否有侍者。禪師隨即叫喚：「大空！小空！」此時有兩隻老虎從庵後出來了，嚇了裴休一大跳。於是，禪師便使喚著牠們離去。

裴休見此情景，十分地不解，心想禪師到底做了何事而有此善果，繼而請示禪師。禪師靜默了一會，答道：「我只是經常念觀音罷了。」

有善因必有善果，能感化惡虎一定是出於山僧的慈悲為懷。要想除去世上的奸妄邪惡，人們必須具備一顆慈悲之心。只要人人以慈悲為懷，向社會貢獻自己的一份愛，整個世界必將為愛意所籠罩，真正成為美好的人類家園。

▌誰更危險

道林禪師是唐朝時期的一位得道高僧，可他性格古怪，住在一棵茂密的大樹上。

一日，身為刺史的白居易去拜謁他，見面後便提到了他那危險的住處。但他反而說白居易更危險。

白居易百思不得其解，心想自己位鎮江山，何險之有。於是，他進一步請示禪師。禪師答道：「位居官場，如薪火相交，而其中之人往往難以察覺，實在是危險至極。」

白居易聽後心悅誠服，繼而又問禪師何謂佛法大意。禪師僅以三歲小孩便知的八字作答：「諸惡莫作，眾善奉行。」

「諸惡莫作，眾善奉行」，看似簡單，實則深刻，行動起來更是困難。如果一個人真正做到了以上八個字，那他定能成就一個完美的人生，自身的修為也必將達到很高的造詣。

行惡與修善

一天，一個沙彌去請教慧忠禪師，何謂修行善行的人和邪惡的人。禪師分別以擔枷鎖之人與修禪入定之人作答。

可沙彌似乎對禪師的開示難以領悟，於是懇請禪師的言辭簡單一點。

禪師繼而談到了「惡不從善，善不從惡」的佛理。而沙彌仍然是一頭霧水，茫然不知所措。他的窘態很快被禪師所察覺，便以更為易懂的語言開導沙彌：「行惡者無善念，行善者無惡心。善惡浮雲，無所生無所滅。」

此時，沙彌方才有所覺悟。

行善是枷瑣，作惡是禪定。平時，人們常會以「善有善報，惡有惡報」來促使自己和別人多行善事，但是一味地追求福報，便可能被困於行善的枷鎖當中，而作惡也不是人的本性，人可以在道德修養中提升自己的品性。如果能夠達到名心見性，即不思善不思惡，定可真正領悟「罪惡本空由心造，心若亡時罪亦空」這一佛家名理。

了無功德

梁武帝身為一代國君，他崇尚禪學，大力弘揚佛法。他在位時，曾經廣建佛寺，修造橋梁道路，以為天下百姓造福。

當時，達摩祖師正在中國弘法。武帝特地去拜謁禪師，並向他請示：「朕如此不斷行善，會有何功德？」

「了無功德。」禪師的話像在武帝頭上澆了一盆冷水，使他大感不悅。

但武帝並沒有表現出生氣的樣子，而是請教禪師那是出於什麼原因，禪師卻沉默不言。最後，因為道不相應，達摩祖師拂袖而去。

行善應該發自內心，不圖回報，一旦內心存有功利，行善再大也非功德。為百姓造福謀益，必須引導他人明瞭自性，才算得上是功德。否則，行善再多，也只會讓人沉迷於世俗生活中無法自拔。

貪婪的人

從前，有一個人窮困潦倒，以至於家裡連床都沒有，只能在一張長凳上睡覺。且他還有吝嗇的毛病。

一日，他向佛祖祈禱：「如果我有錢了，一定不會像現在這樣吝嗇。」

佛祖就給了他一個裝錢的口袋，並叮囑他道：「袋子裡有一枚金幣，當你取出之後，裡面又會有一枚金幣，但必須把這個錢袋丟掉才能花錢。」

那個窮人聽完，就不斷地從袋子裡拿取金幣，整整一個晚上都沒有闔眼，地上全是金幣。即使一輩子不工作，這些錢也夠他花了。但每當他決心要扔掉袋子的時候，卻捨不得。於是又重複著同樣的動作。

如此下來，他不吃不喝，總是忙著取金幣。直到最後，他的身體虛弱得無法再從袋子裡拿錢了，可他還是不肯扔掉那個袋子。終於，他死在了那裝滿金幣的房間。

人總是難以去除貪婪的劣根性。錢如枷鎖，貪如墳墓，一旦某人被貪慾所禁錮，那他必然會無視世間萬物，整日為一些浮華之物而勞累，最終只會落入俗套，甚至搭上自家性命。

一句簡單的話

白隱禪師在鄰居眼裡是個為人純潔、心地善良的人。

有一次，鄰居家有一個美麗的女孩未婚先孕了。這讓她的父母非常生氣，逼問她孩子的父親是誰。那個女孩死活不肯說，在父母的逼迫下，她承認孩子的父親是白隱。

那個女孩的父母怒火中燒，前去找白隱理論。白隱禪師聽完後，只說了一句話：「是這樣嗎？」然後答應收留那個孩子。

孩子出生後，白隱負責照顧他。他從鄰居那裡弄到了孩子所需的一切東西，來細心照顧這個幼小的生命。

時間已經過去一年了，孩子的母親因為無法忍受思念孩子的痛苦，終於將事情的真相告知了父母親——孩子的父親其實是一個貧寒的年輕人，他們已經相愛多年了，因為害怕父母不承認這個女婿，才做出這樣的事。事情發生後，女孩因為害怕而沒有說出真相，就欺騙父母說那孩子的父親是白隱。她的父母得知真相後大吃一驚，立即去找白隱禪師，向他表示深深的歉意，誠懇地請求他的寬恕，然後要求將孩子領回去。

白隱把孩子還給他們時說：「是這樣嗎？」

罵不怒，譽不喜！一句簡單的話重複兩次，但是意味深長，真正體現出了超然物外的崇高境界。白隱禪師的行為，也正是「大度包容」的最好詮釋。只有大度包容，我們的人格才會更加崇高；也只有以大度包容之心待人，這個世界才會變得更加溫馨快樂。

▌將軍的懺悔

夢窗國師有一次搭船過河，當船正要離岸時，遠處來了一位帶著佩刀、拿著鞭子的將軍，大喊道：「等一下，船夫，載我過河！」

船上的人紛紛說道：「船已開行，不能回頭了。」

船夫也大聲回答說：「請等下一班吧！」

這時，夢窗國師說話了：「船家，船離岸還不遠，給他行個方便，回頭載他吧！」

船夫看到開口求情的一位出家師父，就把船開回去讓那位將軍上船。那將軍上船之後，拿起鞭子抽打了站在身邊的夢窗國師一下，嘴裡罵道：「臭和尚，快起來，把座位讓給我！」

這一鞭正好打在夢窗國師的頭上，鮮紅的血汩汩地流了下來，國師一言不發就把座位讓給了將軍。大家又是害怕又是憤怒，竊竊私語地議論道：「禪師好心請求船夫回去載他，他還打禪師，實在不應該。」從大家的議論中，將軍得知剛才的情形，心中頓生悔意，卻不好意思低頭認錯。

船到對岸，夢窗國師跟著大家下了船，走到水邊默默地洗掉臉上的血汗。那位蠻橫的將軍終於受不了良心的譴責，上前跪在水邊對國師懺悔道：「師父，對不起！」

夢窗國師心平氣和地說道：「不要緊，出門在外的人心情總是不太好。」

國師的修養之高，讓人為之震驚。其中體現出了禪者視眾生皆苦的慈悲之心。禪者慈悲為懷，普度眾生，度化常人心中的苦惱。眾人應該保持一顆清淨的心，除去一切莫名的苦惱，輕鬆地面對生活。

▌沾光

有一個農夫，禮請無相禪師到家裡為他的亡妻誦經超渡。佛事完畢以後，農夫問道：「禪師！您認為我的太太能從這次佛事中得到利益嗎？」

無相禪師照實說道：「當然！佛法如慈悲普渡，如日光遍照，不只你的太太可以得到利益，一切眾生無不得益。」

農夫不滿地說道：「可是我的太太是非常嬌弱的，其他眾生也許會占她便宜，奪去她的功德。能否請您只單單為她誦經超渡，不要替其他的眾生超渡。」

　　禪師慨嘆農夫的自私，但仍慈悲地開導道：「天上一個太陽，萬物皆蒙照耀，土裡一粒種子，終生果實萬千。一根蠟燭引燃千萬支蠟燭，光亮增加了千萬倍，而最初亮的蠟燭並不因此而減少亮光，何樂而不為呢？」

　　農夫仍然頑固地說道：「這個教義很好，但還是要請法師破個例。我有一位鄰居，總是欺負我，能把他排除在一切眾生之外就好了。」

　　無相禪師以嚴厲的口吻說道：「既曰一切，哪有除外？」

　　回轉自身的功德以趨向他人，使每一眾生蒙受法益。一燈照暗寶，舉寶通明。一旦人人都能抱有如此觀念，我們微小的自身就會經常因千萬人的回向而蒙受很多的功德。

▌禪師做女婿

　　一休禪師在談笑間常有扭轉乾坤的大智慧。

　　一日，一位信徒來向他哭訴：「師父！我不想活了，我要自殺！請超渡我吧！」

　　「活得好好的，為何要尋短見？」

　　「師父啊！我經商失敗，現在債台高築，被債主們逼得無路可走，只有一死了之！」

　　一休禪師：「難道你除死以外沒有別的方法可想了嗎？」

　　信徒痛苦地說：「沒有，我除了有一個年幼的女兒以外，已經是山窮水盡了。」

　　一休禪師靈光一閃，說道：「哦！我有辦法了，你可以把女兒嫁人，找個乘龍快婿來幫你還債呀！」

　　信徒仍然無望地說：「師父！我的女兒才八歲，怎麼能嫁人呢？」

　　一休禪師道：「那就把女兒嫁給我吧！我來當你的女婿，替你還債！」

　　信徒大驚失色道：「這……這簡直是開玩笑！您是我的師父，怎麼能做我的女婿？」

　　一休禪師胸有成竹地說：「要幫助你解決問題啊！好啦！你趕快回去宣布這件事，快去，快去！」

　　這位信徒向來十分虔信一休禪師的智慧，回家後立刻宣布：某月某日一休禪師要到家裡來做他的女婿。這消息傳出去，立刻轟動全城。到了迎親的那一天，看熱鬧的人擠得水洩不通。一休禪師來到信徒家後，吩咐在門前擺上桌子和文房四寶，寫起書法、畫起畫來了。大家都知道一休禪師的字畫好，爭相欣賞、購買，反而忘了當天的婚禮。結果，一休賣字畫的錢積了幾籮筐。

　　一休禪師問信徒：「這些錢夠還債了嗎？」信徒高興得連聲說：「夠！夠！師父您真是神通廣大，一下子能變出這麼多錢！」一休禪師微微一笑，說：「好啦！問題解決了，我也不當這個女婿了，還是繼續做你的師父吧！」

　　禪者慈悲為懷、善於助人，甚至可以捨棄自己對於功名的執著。世人應該有所警醒，並找回自己那份失去已久的助人的良知，彼此幫助，美好的世界將為期不遠。

▌尋找寶藏

　　有一個人在沙漠中尋找寶藏，卻沒有找到寶藏，身上所帶食物及水都沒有了。他全身毫無力氣，只能安靜地躺在一旁，等待死亡的降臨。

　　在死前一刻，他向神做了最後的祈禱，祈求神的幫助。

　　神果真出現了，並詢問他想要什麼。他急忙回答：「我想要食物和水，哪怕只是很少的一份也行。」

　　於是，神滿足了他的要求。在他吃飽喝足之後，他又向沙漠深處走去。幸運的他終於找到了寶藏，他貪婪地將寶藏裝滿了身上所有的口袋。

他又返程了，可身上卻沒有足夠的食物和水支持他走完接下來的路。由於飢渴交迫，他的體力不斷下降，不得不扔掉一些寶藏。他邊走邊扔。最後把身上所有東西都扔掉了，他也倒在了地上。在臨死之前，神又出現了，並問他此時需要什麼。

「食物和水，更多的食物和水！」他回答道。

欲望讓人變得如此悲哀，到死都離不開欲望。很多時候，欲望甚至會帶給人們毀滅性的打擊，但人們還是無法覺悟，總是被各式各樣的欲望牽扯著。人們為了欲望疲於奔命，生活自然就成了一種負重和累贅。

化緣度眾

昭引和尚總是雲遊各地，閱歷豐富，自身對禪學參悟頗深。

一次，有信徒特意來請示禪師：「如果發脾氣，我要怎樣才能克服呢？」

「脾氣都是來自內心。要不我來為你化緣，你把壞脾氣都施捨給我好了。」禪師回答道。

還有一次，一個信徒由於兒子過於貪睡，不知如何改變，便來請教禪師。禪師便去了他家，把夢中的孩子搖醒：「我來化你的貪睡，請把貪睡施捨給我吧！」後來，只要有信徒吵架、喝酒，禪師都去化緣。

昭引和尚畢生皆以化緣度眾，用化緣的方式感化的信眾不計其數。

化緣之意，那一切陋習是業力也是罪業，將你們的業力全都給我好了，讓我來替你們承擔。

化緣只能算是點化，引導別人自我覺醒，痛下決心改正陋習。但最重要的是讓人有一顆覺悟的心。只有自身覺悟了，才能很好地去體察世間萬物，而不至於被一些虛幻繁華的東西所迷惑而造下罪業。

▌還生氣嗎

有一位婦女脾氣異常古怪，動不動就會因為一些芝麻小事生氣。她也十分清楚自己脾氣不好，但就是無法控制。

一次，她的朋友建議她去附近的一位得道高僧那裡尋求幫助，請他指點迷津。

於是，她就抱著試一試的態度去找那位高僧。見面後，十分懇切地向他訴說了自己的心事，渴望從高僧那裡得到啟示。

高僧聽完後一言不發，就把她帶到一座禪房中，然後鎖上房門，無聲而去。

婦人十分不解，禪師什麼也沒說，卻將自己關在這個又黑又冷的屋子裡。心裡越想越氣。可無論她怎麼叫罵，禪師就是不理會她。婦人實在受不了了，便哀求禪師，但他還是視而不見，無動於衷。

過了許久，房間裡終於沒有聲音了，禪師在門外問：「還生氣嗎？」

「我只生自己的氣，我怎麼會聽信別人的話，到你這裡來！」婦人答道。

禪師聽完，說道：「連自己都不肯原諒的人，又怎麼會原諒別人呢？」立即轉身而去。

過了一會兒，高僧又來問婦人是否生氣，婦人說道：「不生氣了。」

禪師便接著問她的緣由。

「不管我生氣與否，也只能被你關在這又黑又冷的屋子裡啊！」婦人答道。

禪師聽完，說道：「如此其實更可怕，因為被壓在一起的氣一旦爆發出來，將會比以前更加強烈。」說完轉身而去。

過了一段時間，禪師又來問她，婦人說道：「我不生氣了，因為你不值得我為你生氣。」

禪師說道：「你還是沒有從氣的漩渦中擺脫出來啊！」

又過了很長時間，婦人主動問禪師氣到底是什麼。

高僧還是沉默不語，只是看似無意地將手中的茶水倒在地上。

婦人見狀，心中恍然大悟。

其實，心中不乏，心地透明，了無一物，氣又從何而來？氣內心生，心有欲則氣生，世人正是因為有太多的欲望，才會整日被一些煩惱所牽扯。如果我們能夠看淡世間萬物，心中無物，心靈自然會得到淨化，生活中也會處處充滿快樂。

▌除去閒名

洞山禪師將要示寂時，對眾弟子說道：「我有浮名在世，誰替我除掉？」

眾弟子都無言以對，這時，有一個小沙彌走出來，恭敬地行禮之後，說道：「請和尚示知法號。」

話剛一出口，所有人都投來埋怨的目光。有的人低聲斥責小沙彌目無尊長，對禪師不敬，有的人埋怨小沙彌無知，院子裡鬧哄哄的。

洞山禪師聽了小沙彌的問話，微笑著說道：「我的浮名已經除掉了。」於是坐下來閉目合十，就此離去。

小和尚眼中的淚水再也忍不住，止不住流了下來，他看著師父的身體，慶幸在師父圓寂之前，自己還能替師父除去閒名。

人們往往為了名利終其一生，整日深陷於追逐名利的泥潭當中，疲於奔命。自然而然，人們生活意志也就變得萎靡。一旦能捨棄名利、不受欲念牽累，生活必會活潑自然，到處都會充滿著生命力、洋溢著勃勃生機。

█ 不得見

曹山禪師受法後，眾請住於撫州吉水山，改名為曹山。法席興盛，學徒眾多。

南平鐘陵王聞其道譽，三請而不應。於是南平鐘陵王大怒，並對專使說：「若請不到曹山大師來，就不要來見我。」

專使不得已，苦苦哀求曹山禪師：「禪師！您若再不赴約，弟子一門可就遭殃了。」

曹山禪師說道：「專使不必憂慮，我有一偈面呈大王，必保無事。偈云：摧殘枯木倚寒林，幾度逢春不變心；樵客見之猶不顧，野人何得苦追尋？」

南平鐘陵王看偈後，感慨道：「弟子今生絕不再妄求一見曹山大師了。」

曹山之意，在於斷絕塵世聲色。你若能割捨俗緣，便來山中見我。你求我開示，我意已明：割捨就是道。曹山本寂禪師雖不出山應世，而能影響鐘陵王起恭敬之心，這也是禪門道風。

但是，常人往往一味地追求名譽、地位、金錢、物質，難以割捨世間塵緣，忘記了自己的本來面目。

█ 寶壽賣薑

寶壽禪師曾在五祖寺庫房擔任司庫。有一次，住持和尚戒公禪師生病了，需要用生薑作為藥引。侍者便去庫房索取生薑，但是被寶壽禪師喝叱而去。侍者便回去報告給戒公禪師。然後，戒公禪師就讓侍者拿錢去買生薑，這樣寶壽禪師方才把生薑給了他。

過了一段時間，洞山寺院缺人住持，郡守便要求戒公禪師介紹一個人來任職。戒公禪師便說：「那個賣生薑的男子可以。」如此，寶壽禪師便做了洞山寺的住持。後來，禪門中就流傳著「寶壽生薑辣萬年」的佳話。

寶壽禪師愛護禪門公物，不以公物來徇私情；戒公禪師也不以私利作好惡取捨，力推寶壽。一個公事公辦不徇私，一個維護賢能重公德。千載而下，其人其情仍然熠熠生輝！我們也應該從中有所領悟。

▋報恩

唐玄宗時候，薊門有個和尚法號叫夜光。這個和尚聰明好學，通讀了好多佛經，加之又有很好的辯論口才，因此，很為寺裡和尚推崇。有個叫惠達的和尚，為人忠厚老實，家中有錢，因羨慕夜光的才能，便與其交了朋友。

當時，玄宗皇帝信佛崇仙，到處訪求和尚和方士。夜光和尚非常想去京城活動，以期得到皇帝的賞識。無奈囊中羞澀，便整日長吁短嘆，很不開心。惠達和尚理解夜光的心情，便送他七十萬錢，資助他去長安求見玄宗皇帝。

夜光到了京城，透過賄賂某公主，很快就見到了唐玄宗，並得到重用。惠達聽到夜光被重用的消息，非常高興，便帶了很多禮物到京城探望夜光，並向他表示祝賀。

夜光聽說惠達來看他，心想惠達是來向他討錢的，心中大為不悅，言談十分冷落。惠達看出夜光的心思，只住了一天，就告辭而歸。夜光怕惠達再來，就寫封密信給薊門的駐軍首領，說惠達來京告他謀反，讓其小心。駐軍首領接信後大怒，立即將惠達抓了起來，不由分說，立斃帳下。

薊門和尚明白真相後，無不義憤填膺，紛紛斥責夜光忘恩負義的行為。不久，夜光也因常夢見惠達前來索命，惶惶不可終日而死亡。

知恩不報甚至恩將仇報的人是沒有好下場的。人生是個大舞台，在這個舞台上，每分每秒都在上演著人生的戲劇，其中含有許多施恩與受恩的關係。一旦得到了人家的幫助，受了人家的恩惠，一定要知恩圖報，心存感激之情。這種施恩與報恩的關係，是人類關係中最純真最崇高的關係。

▌放生

一位衣衫襤褸的老婆婆正要把半筐田螺倒進放生池，一個惡霸走到老婆婆跟前，一把奪下老婆婆的籮筐，大喝一聲：「這是什麼地方！一個要飯的也敢在此放生，不撒泡尿好好照照！」

說著，惡霸舉起籮筐就要往地下摔，「住手！」只聽人群中有人大喝一聲。只見一個頭戴破僧帽，腳下踏著一雙破草鞋，手裡拎一把破芭蕉扇的和尚往池邊走來。大家一看，不是別人，正是大智大勇、救人苦難的濟公活佛。

他用芭蕉扇指著惡霸的鼻子說：「眾生平等，放生又是大善事，你憑什麼不讓老婆婆放這一筐田螺？」

「濟癲！這裡沒有你的事，你要自找沒趣，可別怪我不客氣！」說著，惡霸便舉起了拳頭。濟公哈哈大笑，說道：「路見不平，我當然要管。」

說罷，濟公從惡霸手裡奪過籮筐，跑到山下小溪旁，嘩啦一聲，將田螺倒進溪水裡。

放生是佛教界一項重要的佛事活動，以實踐佛教門徒救濟眾生的生命危難和痛苦的誓願。但更值得我們深思的是，現在全球都在關注的環境和生態問題，佛教早在幾千年前就已提出並付諸行動了。我們更應該多一些慈悲之心，使這個世界變得更加幸福和美好！

▌欲望無止境

南陽慧忠禪師是唐朝的一位高僧，他對於禪學參悟頗深，並被當朝皇帝肅宗封為「國師」。

肅宗皇帝在一段時間內老思慮著同一個問題，如何才能得到佛法？但就是無法領悟其中的奧妙。遂尋問禪師。

禪師答道：「佛就在自己心中。世人痴心求佛，大多是為有所圖，真正為了佛而求佛的人卻沒有幾個！」

皇上繼而問道：「怎樣才能有佛的化身呢？」

「欲望讓陛下有如此想法。但是人生苦短，醉生夢死地過，最後也是一堆腐屍與白骨。」

皇上聽後稍有覺悟，又問禪師如何才能擺脫煩惱與憂愁。

禪師沉默了一會，然後答道：「放棄自身的欲望和一些想得到的東西，不但能遠離一切煩惱和憂慮，還能得到整個世界！」

蕭宗聽完後十分不解，即便得到整個世界，但還是不能成佛啊！只有成了佛才能擁有至高無上的力量。

他的心思馬上就被禪師看破了，過了不久，禪師說道：「佛無欲，而你貴為皇帝卻仍然欲望難滿，難成佛啊！」

人心難滿，欲望永無止境，貴為皇帝，他擁有至高無上的皇權，但仍然被心中的欲望牽扯著。人們也常常為了太多的欲望疲於奔命，無法清靜地享受生活。等到慢慢老去之時，才發現世間還有這麼多美好的事物，自己卻不曾經歷過。永保一顆常心，才能輕鬆快樂過一生。

定、靜、安、慮、得：人生禪學簡單入門課
心態篇

心態篇

　　一個人的心境、情緒如何，關鍵在於自己的心態。生命是短暫而美好的，那我們就應該快樂地生活，享受人生；好好地調整自己的心態，去體驗人生，與生命接軌，去擁抱生活。

▍快樂與痛苦

龍山禪師對於禪學參悟頗深，他每天開悟信徒時都要感嘆：「快樂呀！人生真快樂呀！」此舉影響了全寺的僧眾，人人都能擁有快樂的心態。

但有一次他生病了，在病痛中不斷地叫喊著：「痛苦呀！真痛苦啊！」

住持大和尚聽到了他的叫喊聲，十分不滿，一個出家人有病怎能老喊苦痛呢，當即責備了龍山幾句。

龍山卻笑著問道：「健康快樂，生病痛苦，為何不能叫苦？」

住持便把有一次龍山自己掉進水裡，差點淹死仍然面不改色，視死如歸的經歷複述了一遍，繼而責問他原來的豪情何在，還有平時常講的快樂又跑到哪裡去了？

此時，龍山對住持說道：「我以前講快樂是因為我那時快樂呀！現在說痛苦是因為我現在痛苦呀！那請問我到底該講快樂還是痛苦呢？」

住持聽後無言以答。

快樂與痛苦究竟如何，關鍵在於我們以何種心態去看待世間的事物。我們不可能時刻強裝快樂。其實，在痛苦的經歷背後，往往更能體會出快樂的真諦，也會更懂得珍惜快樂的時光。

▍順其自然

禪院裡的草地上枯黃一片，毫無生氣可言。可是，小和尚便要求師父撒點草籽。

師父說道：「不用急，草籽什麼時候都能撒，隨時就好！」

過了不久，師父便買回了草籽，叫小和尚去撒。可是，在撒草籽的時候起風了，以至於一邊撒，草籽一邊飄。小和尚覺得十分可惜。此時師父發話了：「沒事的，吹走的草籽多半是空的，一切隨性！」

可是，在草籽撒上之後，飛來了許多麻雀，在地上專挑飽滿的草籽吃，小和尚立即向師父報告。師父卻說：「小鳥吃不完那麼多草籽，來年這裡定會有小草，你就隨意好了。」

一日晚上下了場大雨，小和尚聽到雨聲，總擔心草籽被沖走了。第二天一早就起來了，看到地上的草籽都不見了，心裡非常傷心。師父見狀，便勸慰他草籽被沖到哪裡，便會在哪裡發芽的，隨緣即可！

過了不久，禪院裡便綠油油的一片，沒有撒草籽的角落也長出了許多青翠的草苗。小和尚見此場景，顯得十分開心。師父點頭說道：「一切隨意吧！」

整個過程中，師父都在追求順其自然，以一顆平常心來看待事物的發展，並沒有刻意強求什麼，因為他相信：付出總會有回報。

▌身殘心圓滿

從前，有一個學人對於如何向盲者、聾者和啞者宣講佛法十分不解。他認為，盲者看不見佛塵的揮動，聾者聽不見妙法的講解，啞者無法用言語表達。

於是，他特地去請教一休禪師。

禪師聽後，便叫他行跪拜之禮。在學人拜起時，冷不防拿起柱杖打將過去，只見他猛然退後。隨之哈哈大笑道：「你不是盲者，那快到我面前來吧！」

學人於是向前走了幾步。此時，禪師又發話了，「你不是聾者！」

過了不久，禪師對著學人說道：「這下你會了吧？」

「不會。」他回答異常響亮。

停了一會兒，禪師更大聲地說：「你也不是啞者啊！」

那個學人聽完恍然大悟。

學人雖然不聾不啞也不盲，可他心地不明，那與盲聾啞者又有什麼分別。盲者能聽，聾者能言，啞者能見，他們都能夠充分利用自身的有限資源，並保持一顆明鏡般的心，一樣能洞察世間萬物，參悟佛法。

▋誰束縛你了

神光禪師性情曠然，博覽群書，在受法得度後隱居於司空山一帶，四處遊走，居無定所。

一次，有人在路上碰到了禪師，便向他請教解脫煩惱的辦法。禪師馬上問到底是誰束縛了他。

那人苦惱了，沉默了許久，心想確實沒人束縛自己啊，於是回答「無人」。

禪師聽後大笑一聲，說道：「那還要求什麼解脫呢？」

那人聽完終於得以覺悟。

實際上，很多人都有一些莫名的煩惱和困惑，細察一下，確實沒有理由。沒有理由的束縛自然是無解的。當我們明白了這一點，自然也會脫離煩惱與痛苦。

▋解鈴還需繫鈴人

很久以前，有一個被苦惱所充斥的人，他聽說佛能幫人去除苦惱，便迫不及待地去尋找佛。出其意料之外的是，佛陀卻告訴他能真正讓他獲得解脫的是他自己。

那人十分的不解，因為充滿苦惱的便是自己，如此自己又怎能獲得解脫呢？於是佛陀予以點化：「誰放了苦惱和困惑在心中，就讓誰取出來。」

一個人的苦惱往往是自己莫名充塞進去的，因而只有他自己的努力才能真正獲得解脫。

任何人的苦惱都緣於自身，由於自己的一種執著，加之對世事的好勝，莫名的苦惱在心中無限增加，最後整個人都成了苦惱的載體。自我解脫吧！朋友。輕輕鬆鬆去享受美好的生活。

心量的神變

有一人對於為何心量有大小之分非常困惑，於是，他便去請教古靈禪師。

禪師在聽完他的訴說後，便叫他閉眼默造一城。一會兒，他於心中建造了一座城垣。接著，禪師又叫他閉眼默造一根毫毛，不久，一根毫毛便出現在他的心中。

兩者造畢，禪師問道：「城垣、毫毛均由你心所造，毫毛體小，那是否用了你全部心思去造的，還是只用了其中一部分呢？」

「全部。」他回答得很乾脆。

繼而，禪師意味深長地說道：「造大城垣和小毫毛用的是同一顆心，說明心量是能大能小而又非大非小的！」

心量有大小之分，關鍵在於所抱的是何種心態。心量大，你的天地就寬；心量小，你的處境就窄。轉變心態，自身能夠很好地控制心量的大小，行事方可遊刃有餘。

活得快樂

很久很久以前，有三個人每日總是愁容滿面，心裡被一些莫名的煩惱充斥著。他們想尋找活得快樂的妙方，於是同去請教覺真禪師。

禪師在聽完他們的訴說後，逐一尋問每個人心目中的快樂源泉。答案分別是金錢、愛情和名譽。

　　禪師聽後表情十分嚴肅，對他們說道：「以此種心態怎能尋得快樂？即使真正擁有了三者，煩惱照樣會伴隨你們左右。只有在擁有三者後又能好好利用的人，才會獲得快樂：用金錢去布施，在奉獻中擁抱愛情，用名譽為大眾服務。」

　　三個人終於在禪師的一席話中悟知了。

　　大多數人都是因為追求一些虛幻浮華的東西，而莫名地增加心中的煩惱，終日憂傷。如果能超越這種觀念，必可悟得禪機，使得自己在生活的各方面受益，並在禪中領略無盡的快樂。

▎不留平常心

　　從前，有個學僧十分用功，時刻打坐唸經，心無雜念，但始終不能開悟。心中充滿著困惑。

　　於是，他帶著這個困惑去尋問禪師，禪師二話不說，只是交給他一個葫蘆和一把粗鹽，讓他把鹽倒進裝滿水的葫蘆溶掉，那樣就能開悟了。

　　學僧照辦，但怎麼也不能將鹽塊在滿水葫蘆中溶掉，以致對自己開悟的信心大大降低。此時，禪師出現了，拿起葫蘆，倒掉了一些水，輕輕一搖，鹽塊很快便溶於水中。

　　接著，禪師教育學僧凡事要保持一顆平常心，就像彈琴，弦過緊會斷，太鬆又出不了聲。只有擁有一顆平常之心，才能真正悟道。

　　修行的方式有很多種，不必一定要出家入寺。只要有心，就能在自身所處環境中，不斷淨化自己的心靈；只要有心，生活中處處都能得到收穫。

▎負擔

　　從前，兩個年輕的和尚在趕路途中遇到一條大河。

在岸邊，只見一個年輕的女子正在為過河躊躇著，一看有兩個和尚準備過河，便向其尋求幫助。

於是，作為師兄的智光二話不說便抱起那女子過河，上岸後，立即將其放下繼續趕路。整個過程中，他一言不發，甚至不動聲色。

而師弟智原看在眼裡，卻在心裡嘀咕著，等女子一離開，便質問師兄為何冒犯佛中色戒，抱那女子過河。

殊不知，心中有佛，佛中以仁為本，助那女子過河更是體現佛中之「仁」，可是智原卻始終將那女子記於心，可謂真正的「負擔」。

▋地獄與極樂

一個將軍在拜訪白隱禪師時，向其請教世間是否真正存在佛門常說的地獄和極樂，假如可以的話，想在禪師的帶領下，親自體驗一下真實的地獄與極樂。

於是，禪師立即用惡毒的話辱罵他，將軍在驚訝之餘仍保持沉默，最後終於忍無可忍了，拿起一根鐵棒大罵禪師狂妄無禮，說著便往禪師身上打去。禪師在躲過將軍的鐵棒後，向他揭明這就是所謂的地獄。

聞言，將軍急忙下跪道歉，希望求得禪師的諒解。

白隱禪師立即又對將軍揭明這就是極樂。

其實，天堂地獄處處存在，甚至就在我們的心中，關鍵在於我們如何用心去領會。可以說，我們的心每天都在天堂與地獄之間往返著。

▋上天不負有心人

從前，一個僧人尋問趙州和尚，狗是否有佛性，趙州回答了一個「無」字，但在當時趙州並沒有參透為何是「無」，於是不分晝夜參究著，無論何時，

都專心致志地守著這個「無」字。終於，「佛」不負苦心人，他省悟了佛祖的玄機。

不經歷風雨，怎麼見彩虹。想在學業和事業上有所成就，必須付出艱辛的努力。因此，人們應該抓緊時間，不斷地探索新知，逐漸充實自我和完善自我。或許途中會遇到一些艱難險阻，但只要堅信：「世上無難事，只怕有心人」，在不斷地付出之後，皇天必將不負有心人的。

其實，無論做什麼事情，只是一味地痴心妄想，而不採取實際的行動，將難以達到成功的彼岸。俗話說得好：「萬事只怕有心人。」在經過一番風寒徹骨之後，迎來的必是撲鼻的梅花香。

▌心滿意足

大智禪師飽讀詩書，年輕時四處遊歷，知識豐富，道行高深。晚年居於洛陽的慧林寺中。

有一次，一位學者慕名前來問禪，言詞十分謙恭，可是神態中卻有著一種自以為是的倨傲。

待學者落座後，禪師便提起茶壺為他沏茶，但禪師對注滿茶水的杯子視若無睹，一個勁兒地往杯中倒水，以致茶水四溢，水流了一桌。

學者見狀，立即阻止禪師再倒水。此時，禪師方才放下手中的茶壺，語重心長地說道：「你的心就如同這個杯子，裝得過滿。要我說禪，必須將它倒空才行。」

學者於言下有省。

我們的心往往超負荷地運轉著，心靈自然得不到輕鬆。身體的肥胖只會帶來形體的不便，心理的壓力卻會製造種種苦惱和憂鬱。想要更輕鬆愉快地享受生活中的樂趣，必須去除心靈不能承載之重。

說究竟法

佛光禪師收了不少青年學僧，大家都慕名跟他學禪。

一日，他把所有的弟子都叫到跟前，向他們講了一則故事：

以前的人們都是用紙糊的燈籠點蠟燭照路的。有一次，一位盲者在拜別朋友後，天色已晚，朋友便給了他一個燈籠。

剛開始，盲者謝絕了，他心想，無論明暗，對他來說不是一樣嗎？但在朋友的一番勸說下，他領悟了，如果不提燈籠，別人有可能會撞到自己。

於是，他便提著燈籠上路了。可是還沒有走多遠，就迎面被一人撞了個正著。

盲者生氣了，罵道：「你怎麼走的！難道沒看見我手裡的燈籠嗎？」

路人卻說：「不是啊！你的燈已經熄了。」

盲者聽完，心平氣和地說道：「老兄，是你心裡的燈滅了呀！」

盲者點燈，照亮別人，更是照亮自己。在此，盲者能夠見到自身的本性，一切都不假外物；而那位路人卻是眼雖明，心燈已經滅了。

泥中蓮花

從前，日本耕田的農民被視為賤民，他們都沒有出家的資格。無之禪師是賤民出身，可他一心皈依佛門，便透過假冒士族之姓，當了和尚。

由於他對禪學參悟頗深，並且德高望重，後來便被眾人擁戴為住持。但在舉行就職儀式的那天，有人在法場道破了他的真實出身。

沒想到會在莊嚴隆重的儀式上發生這種事情，眾人都不知如何是好，整個法場一片沉寂，靜得連一根針掉在地上都能聽見，大家都為無之禪師捏了一把汗。

禪師的臉上沒有一絲驚惶失措，從容不迫地回答道：「泥中蓮花。」

說完，在場的人便是一陣喝彩聲，那人也無言以對，實在佩服禪師對佛法領悟的精深。由於他的佛禪妙語，更增加了他的威信，眾人更加擁護他了。

人無貧富貴賤之分，每個人都有追求真理的權利。真理面前人人平等。只要擁有一顆追求真理的心，並以科學的精神去探知，定能揭開真理神祕的面紗。

自己的住處

趙州禪師身為一代名僧，在禪學參悟上達到了很高的境界。但他一生總是行腳四海，雲遊八方，過著隨遇而安的生活。他能從中體會到無窮的樂趣。

一日，他行腳到了雲居禪師那裡，雲居禪師見他年紀這麼大了，還以四處雲遊度日，實為艱苦。便勸說他找個長居安身的住處。並建議他去山前那個古寺，雖然有點荒廢破舊，但只要一經修整即可居住。

趙州聽後，不以為然，反問雲居怎麼不自己去住。雲居禪師一下子無言以對。

一個人真正的住處應當存於內心。如果能夠不為外物所動，心中的佛性堅如磐石，那才是真正找到了靈命的安身之所。我們也應該不斷在社會中接受磨練、堅固自己的心，無論順境逆境，都能坦然地去面對。

不變應萬變

從前，道樹禪師經過多方籌資後，終於建了一座寺院。旁邊是一座道觀，可裡面的道士卻不希望這裡出現寺院，於是每日都會變出一些妖魔鬼怪，想以此嚇跑寺裡的僧眾。這也造成了一定的效果，有一些年輕的僧人確實被嚇跑了。但禪師絲毫不為所動，一住便是十幾年。最後撤離的反而是那些道士，他們已經將所有法術用盡，卻對禪師無用。

後來，有人特意去請教禪師取勝的祕訣。禪師沉默了一會，僅以一字作答：「無」。

那人聽後十分不解，心想「無」又怎能取勝呢？

禪師繼續說道：「法術固然有限、有盡、有量、有邊；但無法術卻是無限、無盡、無量、無邊的。因此，『無變』自然能勝過『有變』了。」

那人終於有所省悟。

我們受到驚擾的無非是自心，只有「無心」，才能免受打擾。但人們往往難以放下世俗之心，整日被一些莫名的煩惱困擾著，總在鬱鬱寡歡中度日。只有不為身外事物所牽引，才能輕鬆快樂地享受生活。

▌風中的幡

慧能禪師身為一代得道高僧，他經常行教化於世間。

有一次，只見兩個僧人在幡下面爭論不休。

一個說：「如果沒有風，幡怎麼會動？所以是風在動。」另一個聽完，馬上辯駁道：「不對，沒有幡動，怎知風在動呢？分明是幡在動。」倆人爭得面紅耳赤，一直沒有結果。

禪師便走上前去，對他們說道：「既不是風動，也不是幡在動，而是兩位的心在動啊！」

心安心靜，世間便是安靜的；心急心躁，世界就是紛雜的。一切的一切均是由於心生差別而存在的。如果迷惑於外物，爭吵不休，無論輸贏如何，還是迷惑其中不知所以。因此，必須離開這些繁瑣的分別，讓自己的心回歸自然，才能體會到返樸歸真的魅力。

▌丹霞燒佛

一日，丹霞和尚在一座佛寺裡掛單。時值嚴冬，大雪紛紛，天氣寒冷，丹霞就將佛殿上木刻的佛像取下來烤火，寺中糾察師一見，非常震驚地斥責道：「該死！你怎麼能將佛像拿來烤火取暖呢？」

「我不是烤火，我是在燒取舍利子！」丹霞和尚用木杖扒了扒灰爐，從容不迫地辯解道。

「木刻的佛像哪裡會有舍利子？」糾察師奇怪地問。

「對啊！木頭做的佛像當然沒有舍利子。既然如此，何妨多拿些來烤火！」丹霞禪師邊說邊把佛像投入火中。

燒掉了頂禮膜拜的敬畏，燒掉高山仰止的瞻慕，留下那顆燒不掉的平常心平淡度日足矣！

天地有春夏秋冬，日月有陰晴圓缺，此用自然之道；功名利祿，福罪禍騫，皆人事之規則。對於以上的一切淡然視之，以一顆平常心對待世間萬物，必將達到返樸歸真的崇高境界。

▌一休晒經

一休禪師在比山鄉下時，有一日看到一群群信徒都朝山上走去，原來山上的寺院在晒藏經。傳說晒經之時，如果風從經上吹拂而過，吹到了人的臉上，能夠去病除災，增加智慧，因此，聞風而來的人紛紛湧向山裡。

一休禪師知道了事情的原委，說道：「我也要晒藏經！」說完就袒胸露肚躺在草坪上晒太陽。許多要上山的信徒看到了很不以為然，議論紛紛，覺得很不像話，這樣實在太不雅觀了。山上寺院的院主也跑下來勸一休不要如此沒有僧人的威儀。

一休禪師便認真解釋道：「我是在晒藏經呢！你們晒的藏經是死的，會生蟲，不會活動。而我晒的卻是活的，會說話、會做事、會吃飯，是智者就應該明白哪一種藏經更珍貴！

人們心裡往往對事物有一種莫名的執著，正如眾人執迷於晒經祈福。開示他人，必須從人心中的執著入手，讓人達到對人性的澈底領悟。

途中珍重

靈訓禪師在廬山歸宗寺參學時，有一天突然動了念頭想下山，因此向歸宗禪師辭行。

歸宗禪師問道：「你要去哪裡？」

靈訓照實回答：「回嶺中。」

歸宗禪師關懷地說：「你在此參學十三年，今日要走，我應該為你說些佛法要領，等你整理好行李，再來找我吧！」

稍後，靈訓先將整理好的行李放在門外，然後去見歸宗禪師。

歸宗禪師招呼道：「到我面前來！」

靈訓依言前行，準備聆聽教誨。

歸宗禪師輕輕地說道：「天氣嚴寒，途中多多珍重。」

靈訓聽後，心中大悟。

世間本為迷途，每個人都迷失了自己的本心。生活也就變成了一種負擔和累贅。因此，我們必須找回自心本具的長青之樹和不老源泉，才不會被世間種種誘惑所束縛。

棉絮說法

從前，有一個禪者看到一棵古松長得枝繁葉茂、盤曲如蓋，就決定棲息在上面，人們都叫他鳥巢禪師；自從他在那棵樹上棲息後，又引來了許多鵲築巢在他的周圍，神態自在，馴順可親。因此，人們也稱他為鵲巢禪師。

禪師身邊有一個侍者，名字叫會通，已經跟隨他很長時間了，有一天，會通突然向禪師辭行，禪師便問他將要去什麼地方。

會通滿臉委屈，回答道：「我是為佛法出家的，可是師父從來不對我垂臨教誨，所以我打算到其他地方去學習佛法。」

聽完，禪師笑了，接著說道：「要說佛法，我這裡倒有一些。」

會通立即問道：「請問師父的佛法是怎樣的呢？」

禪師不言，只從身上所穿的衣服裡拈出一絲棉絮，「噗」地一聲吹向了他。

會通頓有所悟。

人們往往難以從別人的身體動作中有所領悟，卻總是需要別人的言語點撥。其實，無論是言語點撥，還是施為運作，人們都可以從中獲得開啟自身潛能的鑰匙。

我們應該靜下心來，以自然為師，以本心為師，相信能夠在各方面大有收穫。

親近花的梵唱

有一位虔誠的佛教信徒，每天都從自家的花園裡採擷鮮花到寺院供佛。一天清晨，露珠尚在草間滾動，他照例採花去寺院供佛，碰巧遇見元德禪師從法堂出來，元德禪師非常欣喜地說道：「妳每天都這麼虔誠地以香花供佛，依經典的記載，常以香花供佛者，來世當得莊嚴相貌的福報。」

信徒笑著說道：「這是應該的。我每次來寺禮佛時，自覺心靈就像洗滌過似的清涼，但回到家中，心就煩死了，身為一個家庭主婦，如何在煩囂的塵世中保持一顆清靜的心呢？」

禪師反問道：「妳以鮮花獻佛，相信妳對花草有一些常識，現在我問妳，如何才能保持花的新鮮呢？」

信徒答道：「保持花朵新鮮的方法，莫過於每天換水，並且在換水時把花梗剪去一截，因為這一截花已經腐爛，腐爛之後水分不易吸收，就易凋謝！」

禪師說道：「保持一顆清淨純潔的心，其道理也是一樣。我們的生活環境像瓶裡的水，我們就是花，唯有不停淨化我們的身心，培養我們的氣質，才能不斷吸收到大自然的食糧。」

信徒聽後，非常歡喜地說道：「謝謝禪師的開示，希望以後有機會親近禪師，過一段寺院中禪者的生活，享受晨鐘暮鼓、菩提梵唱的寧靜。」

元德禪師道：「你的呼吸便是梵唱，脈搏跳動就是鐘鼓，身體便是寺宇，兩耳就是菩提，無處不是寧靜，又何必非等機會到寺院中生活呢？」

熱鬧場中作道場，只要自心清靜了，處處都可寧靜。在修行過程中，最關鍵的便是心靜。只有在心靜的基礎上進行修為，才會有所造詣。否則，自心不寧，即使身處深山石寺當中，心中也會被塵世的喧囂所擾，難以在修行中有所作為。

▌鹽醬禪

一日，馬祖道一禪師派侍者送了三壇醬給弟子百丈禪師。百丈禪師收到三壇醬後，立刻鳴鐘集眾上堂，拿起拄杖指著醬壇，對大眾說道：「這是老師道一讓人送來的鹽醬，你們若有人能說出什麼來就不打破，否則就打破！」

一寺的學僧大眾面面相覷，無人回答。

百丈禪師見大眾無語，便用拄杖把三壇醬都打破了。

侍者回到馬祖禪師那裡，馬祖禪師問道：「你把醬送到了嗎？」侍者點頭稱是。

馬祖禪師再問道：「百丈收到我的鹽醬後，有什麼表示？」

侍者回答道：「百丈禪師收到鹽醬後，就集合大眾上堂，因沒有人道得，就用拄杖把醬缸打破了。」

馬祖禪師聽後，哈哈大笑，對百丈誇讚不已。

後來，馬祖禪師帶了口信給百丈禪師，希望他將修行的近況不時地寫信回來報告。

百丈禪師在回函中誠懇地報告說道：「老師！謝謝你的關心，自從將醬壇打破以後，三十年來，弟子從不缺少鹽醬。」

馬祖道一禪師非常滿意，特別再寫了八個字送給百丈禪師，這八個字為「既不缺少，分些給人。」

鹽醬在這裡指的是禪者的本心自性。只有隨時保持對本心自性的清醒認識，才不至於在紛繁複雜的社會中誤入歧途，能成就一番事業。

▌青梅子

吉州耽源山應真禪師原來是南陽慧忠國師的侍者。

有一次，耽源禪師正提著籃子往方丈室走，慧忠國師就問他：「籃子裡裝的是什麼東西？」

耽源禪師回答道：「是青梅。」

慧忠國師又問道：「你盛那些青梅子做什麼？」

耽源禪師回答道：「供養諸佛菩薩。」

慧忠國師問：「那麼青的梅子，尚未成熟，吃的時候又酸又澀，怎能供養呢？」

耽源禪師自然地說：「所謂供養，只是用以表示誠意罷了。」

慧忠國師責備道：「諸佛菩薩不接受如此酸澀的誠意，我看你還是供養你自己吧！」

耽源禪師說：「我現在就已在供養。心、佛、眾生都無差別，何必那麼計較？國師你呢？」

慧忠國師說：「我不供養。」

耽源禪師反問道：「國師為什麼不供養呢？」

慧忠國師回答：「我沒有梅子。」

青梅子指的是尚未透達的心，其心中還有著有佛可求和有佛可供養的執著。心中無片塵可得，任運自然，不造作，是為真供養；不為外相所束縛，不為常規所拘泥，整合因緣，隨緣就勢。

▎骨裏皮

有一個學僧在寺旁看見一隻烏龜，若有所思，就向大隨禪師請示道：「眾生都是皮裏骨，為什麼烏龜卻是骨裏皮呢？」

大隨禪聽後並不作答，隨手將自己的草鞋脫下，覆蓋在烏龜背上。

宋端禪師因此特為大隨禪師做了一首偈頌，頌云：「分明皮上骨團團，卦畫重重更可觀，拈起草鞋都蓋了，這僧卻被大隨瞞！」

佛燈禪師也跟著做了一首偈頌：「法不孤起，仗境方生，烏龜不解上壁，草鞋隨人腳行。」

寶峰禪師更明顯地指出：「明明言外傳，信何有古今？」頌云：「擲金鐘，輥鐵骨，水東流，日西去！」

人生在世，都有好奇之心，憑此好奇心，求知則可，悟道則遠。悟道者憑的是一顆平常心，一切應當從平常心處體會才好。可是在平常裡，卻有一不平常的原則，緣起性空！禪者在參禪時，一旦明瞭這一切，那麼佛道、禪心、解脫均在其中了。

▌順其自然

石霜禪師德行高深，對禪學有一定的領悟。

一次，福州羅山道閒禪師特地去拜訪他。兩人見面後，道閒禪師便說道：「心的靈知靈覺已現，卻往往會被一大堆紛亂的念頭束縛住。在這種起伏不定的時候，我到底該怎麼用功呢？」

「最好是正視它，直接把各種念頭拋棄掉。」石霜禪師回答得十分乾脆。

道閒對於這個答案不是很滿意，於是，特意以同樣的問題來請教嚴頭全豁禪師。

嚴頭禪師回答道：「那狂妄之心該止時便會止，順其自然就好了，幹嘛理它？」

順其自然，說來容易做卻難，常人往往會為了世間的浮華瑣事而強求著。殊不知，這樣不僅於事無補，反而會使自己迷心於外境，深陷於物流的泥潭。只有一切順其自然，萬事不去強求，才能獲得適意的人生。

▌出門就是草

慶諸禪師混跡長沙瀏陽陶家坊，早出晚歸，人們不了解他。

後來，有一位僧人從洞山禪師處來，慶諸問：「洞山有什麼話開示你嗎？」

僧人說：「盛夏之後，洞山上堂說；秋初夏末，兄弟們有的去東面有的去西方，但必須往萬里沒寸草的地方去。」過了一陣又說：「請問萬里沒寸草的地方在哪裡呢？」

慶諸禪師問僧人：「有人答話嗎？」

僧人說：「沒有。」

慶諸禪師說：「為什麼不回答『出門就是草』？」

僧人回去告訴洞山禪師，洞山說：「這是能聚集一千五百名徒的高僧的話。」

因為這次慶諸禪師的妙語出眾，眾人請他住持師院。

草，在禪語中指煩惱。「出門就是草」說明到處都生長著草，世俗生活中處處都有煩惱，要到沒有寸草的地方就必須從眼前開始鋤草。在我們的生活中，往往是境隨心起，只有達到心靜，才能找到無草的淨土。

本來是佛

有一位僧人問希運禪師：「誰是佛？」

禪師說：「你的心是佛，佛就是心，心佛沒有區別，因此講心就是佛。如果離開了心，就再也沒有佛。」

僧人繼續問道：「如果說自己的心是佛，那麼達摩從西方來傳授什麼呢？」

希運禪師說道：「達摩祖師從西方來到這裡只是為了傳授心佛，直接指出你們的心本來是佛，心與佛沒有區別，所以稱他為祖師。如果直接了悟此意，就能超越三乘教法中的一切。本來是佛，不假修成。」

佛與心是一體的，佛即心，心即佛，兩者沒有區別；而這個心就是自性，就是每個人的自我。這也要求人們重視內心的本性，不斷地提升自己，挖掘自身的無限潛能，享受美好的人生。

▌心中的燈

唐代的法演禪師在一天夜裡和他的三個徒弟打著燈籠走路，忽然刮來一陣風吹滅了燈籠。法演禪師立即問隨行的三個弟子：「風吹燈滅，你們現在的心境如何？」

法演問話的意思是說，燈火是黑夜走路不可缺少的工具，現在燈火沒有了，你們靠什麼繼續走下去呢？禪師常常用所悟的禪機來啟發人生的道理。

三個徒弟在法演的啟發下，各自說出了自己的心境。其中以佛果圓悟所說的「看腳下」最符合法演的心意。

「看腳下」這三個如此平凡的字眼卻說出了深刻的人生哲理。走路照明的燈滅了，從人們的心裡講，就要重新燃起一盞燈——這盞無形的燈時刻提醒你，要注意腳下，每一步都要踏踏實實地邁出去，不要被石頭絆倒，不要被坑窪扭到腳。

「用心」，就是心中要有一盞永不熄滅的燈，這盞燈亮起來，才能照亮生活之路，使迷茫的人生清澈明亮，如此，人活著才有真實的意義。

▌信念真誠

晉代時，一位從印度來的奇僧耆城在洛陽住了許多年。

在他即將回印度之前，召集眾徒道別。他說：「我就要離開你們回國了，走前有幾句話想對大家說。希望你們『守口攝身意，慎莫犯眾怒；修行一切善，如是得度世』。」

徒弟們聽了，認為是老生常談，很不以為然。其中一個叫竺法行的徒弟說道：「希望大師告訴我們一些前所未有的話，像你剛才說的那首偈語，連八歲小孩都能背下來，這可不是我們對得道之人所希望的啊！」

耆城笑著說：「八歲孩子雖然能背誦，可活到一百歲不去履行，背誦又有什麼用呢？人們都知道尊敬得道之人，卻不知道履行能使自己得道的法則，真是可悲！我說的雖然是你們耳熟能詳的道理，但做起來可就不簡單啦！」

徒弟們聽了，都羞愧地低下頭。

禪的世界也可以說是信念的世界。當我們的行動、思想達到暢行無阻的境界，信念的光芒就會在我們面前閃現。一個人就會身心明澈、任運自在了。願人們生活的世界裡，都有一顆信念真誠的心。

定、靜、安、慮、得：人生禪學簡單入門課
觀念篇

觀念篇

　　人們行事之時，必須心存一種良好的觀念，才有助於成功。但往往一些人非常固執，總是徘徊於兩個極端處。殊不知，只要一轉身，成功的大門就在他們身後敞開。

▋概念的誤區

白隱禪師身為一代名師，他將畢生精力都用於參禪上，在禪學方面頗有造詣，並且廣收門徒，以自身傳教人們參悟禪道。

在他年老的時候，有一次，他在禪院裡整理自己的被單。信徒見了，感到十分驚訝，都以為這些雜事應該讓他的弟子去做，何況他有那麼多的弟子。而禪師作為老年人，應該去修行才是。於是，他們便帶著個疑問去請示禪師。

禪師聽後，非常不滿意，說道：「如果處理雜務不是修行，那佛陀為弟子穿針與煎藥，又算什麼呀？」

信徒聽完，當下就開悟了。

只要有心，生活中處處都能修行。而一般人往往將做事和修行分開來看。修行就寓含在做事的過程中，可以這樣說，修行源自於生活，一旦能在此基礎上回歸生活，定可造福人類和自然。

▋不拘一格

人們心中似乎都有這種定性思維：參禪一定要打坐，參禪打坐必須入定，眼觀鼻，鼻觀心。

可是身為一代名僧的六祖禪師並不這麼認為。

當時，有人就曾特意問過他：「如今京城裡諸多神宗禪師都推崇覺悟必須坐禪習定，倒想聽一下大師的高見。」

禪師聽後，立即以八字作答，「道由心語，豈在坐也？」

坐無非是一種形式罷了，流於形式的打坐入定難以了解高深莫測的禪學。必須寓禪於行住坐臥之中，才能有所覺悟。不應拘泥於坐禪入定，實際上，一舉一動中都體現著禪的境界。讓我們從生活的點點滴滴中逐步參悟禪學。

▋食無憂，睡無慮

一日，小沙彌帶著問題去請教慧源禪師。

「禪師，請問在修道中是否存在高超的祕訣呢？」

「有的，那便是肚子餓時吃飯，身體困時睡覺。」

沙彌疑惑了，心想：祕訣就這麼簡單？常人也莫不如此，禪師又有什麼兩樣麼。一下子陷入了沉思。

禪師從那小沙彌的表情上看出了他的不解，於是繼續解惑道：「一般人吃飯總是百般挑剔，挑肥揀瘦的；睡覺也不安分，喜歡四處瞎想。禪者對此一切卻能保持一顆常心。」

是的，這就是常人與禪者最大的不同，禪者也只有以平常心去修練，一切順其自然，才能修成正果。吃飯睡覺之事看似簡單，其中卻蘊含著深奧的哲理，值得人們深思。

▋多撿一些

深秋的一天，覺真禪師和沙彌走在寺內的庭院裡，隨著一陣風過，地上落了好多樹葉。禪師立即彎腰拾了起來，一片一片地放進口袋。

旁邊的沙彌卻認為反正明天會打掃的，勸禪師不要再撿了。

覺真禪師發話了：「打掃就一定會乾淨嗎？多拾一片，就能增加一分地面的清潔。」

但你拾它落，數目龐大的落葉如何拾完的問題又困擾著沙彌，覺真禪師邊拾邊說：「其實，落葉也落在我們心上，我是在拾落葉的同時除去心中的不快，如此將有拾完之時。」

作為禪者，每拾一片落葉，都是在將心中的妄想煩惱逐漸去除。實際上，覺真禪師是用心在拾落葉，他是在努力追求自己的心達到返樸歸真的境界。

▋無言

　　從前，在一座藏經閣裡，一位禪者在裡面參禪，每天只是打坐，卻從不看經。

　　管理藏經閣的藏主見狀十分不解，為何他從不看經呢？於是，帶著這份困惑去請示禪者。

　　「我不識字。」禪者回答得異常坦誠。

　　藏主又問他為何不請教別人，並且還說自己就可以給予他人幫助。

　　禪者立即起身作禮，向藏主合掌問道：「請問這是什麼？」

　　藏主卻無言作答。

　　藏經閣的藏主博學而且慈悲，但迷昧了本心；而那位禪者雖不識字，卻能明晰自心。心靈的最深層面是沒有語言和文字的，全憑本心來領會。

▋宜默不宜喧

　　慧可禪師是五代後漢時期的一位著名高僧，悟道頗深，如此聲名遠播，甚至在朝廷中都有名氣。

　　一年夏天，劉王特意邀請禪師及闔寺大眾到王宮避暑。並要求各位法師在宮內講授佛法，宮女也潛心學習，劉王自己更是虔誠重法，因此，寺中僧侶均樂於向宮中人說法。

　　出人意料的是，雲門禪師一人卻在一旁默默的坐禪。宮中人見狀十分不解，劉王也特地上前去請示法要，卻得來禪師的沉默不語。

　　但是，劉王反而更敬重雲門了，並親筆寫了一首詩，貼於碧玉殿上。讀道：「大智修行始是禪，禪門宜默不宜喧，萬般巧說爭如實，輸卻禪門總不言。」

佛法因物而成形，並無一定之主見。宮裡人為了討好劉王，均請慕佛語。雲門對此請求不以為然，並以沉默對之，就是為了讓大家明白，佛法是高於王權的。

何必在意小事

洲山禪師與仰山禪師是師徒。兩人一年沒見面了，彼此十分想念。於是，仰山便去看望洲山禪師。

禪師一見到弟子，便問他這一年都做了些什麼。仰山就把開荒、種地之事一一例舉出來，也得到了禪師的讚許。

接著，仰山便問師父這一年的作為。禪師卻笑著答道：「我過了白天就過晚上。」

「那這一年也十分充實啊！」仰山隨意說了一句。但說完之後異常懊悔，覺得自己說得太欠妥當，繼而漲紅了臉。

禪師馬上就看破了他的窘態，對著弟子說道：「你怎麼把一句玩笑看得那麼嚴重呢？」

禪師的一席話終於讓弟子開悟了。

世間之事本很平常，何必過於在意偶然的小疏忽和無意的小過失呢？那樣只會增加自己莫名的煩惱。想要讓自己活得輕鬆快樂些，就不要讓一些芝麻小事充斥自己的內心。放下心中的包袱，一切隨它自去。不為小事煩心，定會發覺天地原來也如此澄明。

感悟

唐代的靈佑禪師道行高深，頗受人們尊敬。

有一次，他向弟子提了一個問題，問他還在娘胎裡的時候，在做什麼事情。

弟子聽後冥思苦想，無言以對。便向禪師請教，卻遭到了禪師的拒絕。

於是，他只好回去查閱經典，但毫無所獲。本以為飽讀詩書即可體會佛法、參透人生哲理的心也碎了。繼而一把火將佛籍經典全都燒掉了，並發誓以後再也不學佛法。

然後，他就辭別了靈佑禪師，下山去了。禪師也沒有挽留和安慰他，任他去自己想去的地方。

那個弟子去了一家破寺廟，整日參禪度日，但心中總在思慮著那個問題。

一日，他隨便拋出一片碎瓦塊，瓦塊打到一顆釘子上，「哐啷」一聲脆響，頓時，他從中感到一種從未經歷過的顫抖和喜悅，體驗到了禪悟的境界。原來只有在生活實踐中有自悟自證，才能獲得禪旨的真諦。此時他十分感激當時師父沒有說破題意。

感悟的魅力就在於──長久地追尋和執著地探索之後有所發現。這也在不知不覺間增加了自己心中的成就感和自豪感。當你真能有些覺悟的時候，心中會備感暢快。真正達到悟知的那一刻也是無比珍貴和幸福的。

▌磨磚成鏡

馬祖道一禪師是一位著名的高僧，在他沒修成正果之前，曾跟隨過懷讓禪師。其間，馬祖特別注意坐禪修行，但少有成就。

一日，馬祖又在打坐，懷讓便去問他整日坐禪，到底想做什麼。

「成佛。」馬祖回答得非常乾脆。

懷讓聽後不語了，隨手從旁邊撿了一塊磚頭放在一塊石頭上磨了起來。馬祖見狀十分不解，便問懷讓禪師。懷讓回答說他想把磚頭磨成鏡子。這下，馬祖更不明白了，磚頭怎麼能磨成鏡子呢？

懷讓禪師馬上就看破了馬祖的心思，隨即意味深長地說道：「磚頭不能磨成鏡，那每日打坐就能成佛嗎？譬如牛拉車，車不走，還是該打牛啊！」

馬祖聽了猛然醒悟。

神宗反對單純的靜坐思考的修習方式，那樣過於死板，失去了禪的本義。學習也是一樣，如果一味地教條主義，必定難以學有所成，更談不上有所突破了，甚至可能會徒勞無功。

▎好事不如無事

趙州禪師是一代名僧，他經常提起一句禪話道：「佛是煩惱，煩惱是佛。」

他的眾多弟子聽了，冥思苦想，還是十分不解，佛到底是在為誰煩惱呢？於是，他們紛紛請示禪師。

一次，禪師便將所有弟子叫到身邊，說道：「佛的煩惱是為了一切眾生。」

弟子們聽完，又進一步問禪師如何才能免除這些煩惱。令人意想不到的是，得到的卻是禪師嚴肅的責問：「免除煩惱做什麼？」

過了一段時間，禪師看到一位弟子正在禮佛，便用柱杖打了他一下，並問他在幹什麼。

「師父，我在禮佛！」他回答得十分得意。

「佛是用來禮的嗎？」禪師斥責道。

那弟子迷惑了，繼而說道：「禮佛是好事啊！」

趙師聽完，沉默了一會兒，意味深長地說道：「好事不如無事。」

　　禮佛雖是好事，但不要執著於「好事」。佛為眾生煩惱，這是覺悟，毋須免除。如果不能明心見性，無非是浪費時間。無事才是真正的好事，道生於心，一切形式都是虛的。

▌大小不二

　　一次，唐朝的刺史李渤去參悟佛經時，對上面的一句話怎麼也弄不明白。「須彌藏芥子，芥子納須彌。」芥子如此之小，它怎能容納一座那麼大的須彌山呢？未免太過離奇了。

　　於是，他帶著這個問題去請示智常禪師。

　　禪師聽後，並沒有從正面回答問題，而是笑著問他：「人家都說你『讀書破萬卷』，是否真有此事？」

　　李渤得意洋洋地點了點頭。

　　禪師繼續問道：「那你所讀的萬卷書如今何在？」李渤沒有作答，而是抬手指著自己的腦門。

　　禪師沉默了一會兒，意味深長地說道：「奇怪，你的頭顱只有椰子一般大，又怎能裝下萬卷書，你也是在騙人吧！」

　　李渤聽後，頓然澈悟。

　　其實，芥子雖小，但它與須彌山皆由法理所造，彼此自然可以相互包容。與頭顱同質，才可能人腦容下萬卷書。空間本有多種，它也無比廣闊，關鍵在於我們怎麼看待與利用。

▌堅強的意志

　　從前，一個弟子對於如何才能成佛十分困惑，於是帶著這個問題去請教智通禪師。

禪師卻厲聲喝道：「你外出雲遊，在廟宇與叢林之間奔走，可曾找到自己的安身之處？如果只會攀山涉水來來去去，必然是白白踏破草鞋，毫無益處可言的！」

弟子聽完，還是不解，繼續問道：「怎樣才能成佛？」

禪師哈哈大笑一聲，說道：「意志堅定之人，會將破草鞋扔掉，光腳繼續行路，心裡沒有了束縛和煩惱；而意志不堅定的人，內心都被掛念和憂慮所充斥，安身立命之事又從何談起！」

弟子望著自己的草鞋，一下子恍然大悟。

說什麼安身立命，修練成佛，自身擁有堅強的意志才是最重要的。在修養身心的過程中，必然會有艱難險阻，具有了堅強的意志，才能坦然面對困境，並想方設法克服。遇到逆境便表現出過多的擔心和不安，將難以達到修心養性，更不用說成就事業了。

▌苦瓜的味道

德勝禪師德高望重，座下弟子眾多。

有一次，一群弟子要去朝聖，在送別的時候，禪師並沒有祝福的語言送給弟子，卻拿出了一個苦瓜遞給弟子，接著說道：「你們隨身帶著這個苦瓜，每當你們經過聖河時，記得將它置於其中浸泡，並且把它帶進你們所朝拜的聖殿，放在桌上供奉，並朝拜它。」

弟子們聽後牢記於心，在朝聖過程中，都照師父的話一一做到了。回來後，又把那苦瓜交回給師父。師父立即吩咐伙房將其煮了，以供大家品嘗。

過了一會兒，禪師將眾多弟子叫到面前，苦瓜也已經煮熟端上來了，禪師吃了一口，然後意味深長地說道：「真是奇怪！怎麼泡過這麼多聖水、進過這麼多聖殿的苦瓜，一點也沒有變甜！」

眾弟子聽後，當下心開意解。

　　江山易改、本性難移。苦瓜味本苦，無論如何，其性不變。我們的心何嘗不是如此呢？不管我們處於何種境地，我們都應保持自己的清靈之性和明空的本質。

▋通身是眼

　　一個學僧心想觀世音菩薩有千手千眼，於是帶著問題去請教師父道吾禪師。

　　「師父，請問您哪一隻眼睛才是正眼啊？」

　　禪師並沒有作出回答，而是反問道：「當你晚上睡覺時，枕頭掉到了床下，但你沒睜開眼睛，手往地下一抓就抓起枕頭繼續睡覺。請問你是用什麼眼去抓的？」

　　學僧聽後，有所醒悟，便對著師父點了點頭。

　　禪師問他到底懂得了什麼，學僧僅以四字作答：「遍身是眼。」

　　禪師聽了，面露嘉許之色，接著卻說他只懂得八成。學僧一下子陷入了沉思，可仍然不解。

　　過了不久，禪師篤定地說道：「通身是眼！」

　　我們每人都有一個通身是眼的真心，因而能觀望一切。生活中何嘗不需要這種真心，只有它才能讓我們明白事理，並且觀照和守望世間萬物。

▋佛祖論美

　　從前有個大財主，他有個花容月貌、美豔無比的女兒。每當家裡來了賓客，財主總要把女兒叫出來展示一番，以獲得客人的讚嘆聲。他的女兒也的確很美。

　　一日，財主家裡又來了個客人，他照常叫出自己的女兒，繼而問人家自己的女兒是否漂亮。

　　那個人並沒有直接回答，而是和財主下了個賭局，讓財主將女兒披上盛裝，去各地行走。如果每個人都說她美，那人便輸給財主八百兩黃金；一旦有一個人說不美，財主就要掏出八百兩黃金給那個人。

　　於是，財主便帶著女兒四處遊走，眾人都說他的女兒漂亮，八百兩黃金似乎就在眼前了。但是，當他帶著女兒見到佛祖後，佛祖卻不屑地說她並不漂亮。

　　財主聽後十分不悅，卻備感無奈，只好輸給了那人八百兩黃金。

　　美不只在面貌，還在靈魂。但常人看重的往往是面容，而不是心靈。面容乃天生，難以改變，卻可以透過不斷地修養身心來淨化自己的心靈，美化靈魂。外表美和心靈美的巧妙結合才算是人世間真善美。

▌信心的力量

　　從前，有個叫鐵眼的和尚，他發誓要用募捐來的錢修建一個佛的金身。他也知道其中困難重重，但既然已經立下宏願，就絕不退縮。

　　第一天，他便去了鬧市，向路過的人化緣。過了不久，有一個武士走過來了，鐵眼急忙行禮，並且說道：「貧僧誓願塑佛金身，請施主捐一點吧！」

　　可是武士卻邁著大步從他身邊走過，像是沒聽見他所講的話。鐵眼立即追了上去，向其發出低聲的乞求。

　　武士不耐煩地拒絕道：「不！」

　　於是，鐵眼又繼續跟在武士後面，一直走了十多里路。最後，那個武士實在無可奈何，才扔了一文錢。鐵眼馬上從地上撿起錢，並向武士行禮致謝。

行完禮，他又按原行路回去繼續化緣。如此經過無數個風雨霜雪的日子，鐵眼和尚終於籌足了資金，建起了一個佛的金身。

聚沙能成塔，集腋能成裘。在擁有目標的基礎上充滿信心，並且不遺餘力地朝著目標邁進，那他一定會獲得成功。灰心喪氣之人往往半途而廢，實在令人遺憾。

▌哭婆憂天

雲峰禪師總是雲遊四海，居無定所，經常借宿於人家。

有一次，他在一個老婆婆家借宿時，一連好幾天都能聽到老婆婆的哭聲。禪師十分不解，便去問她為何如此傷心。

原來那老婆婆有兩個女兒，分別嫁給了賣布鞋的和賣傘的。因為在天晴之時，雨傘定會難以賣出；而在下雨天，必然無人上門買布鞋。如此一想，無論天晴下雨，總忍不住要為其中一個女兒傷心落淚。

禪師明白事情原委後，便對老婆婆說道：「擔心女兒是沒錯的，但妳其實應該為女兒高興呢！試想一下，天晴之時，鞋店一定生意興隆；下雨的時候，雨傘必然十分暢銷。」

老婆婆聽完，心中豁然開朗。從此，無論天晴下雨，她都會為自己的兩個女兒開心。

改變一個視角，從不同的角度看問題，往往能得到意想不到的收穫：在痛苦中體會快樂，從失敗中看到成功的曙光。但我們往往不能轉換視角，因而難以看清事物的真面目，更談不上巧妙地解決問題了。

▍隱峰悟道

隱峰和尚是馬祖禪師的徒弟。一次,隱峰推著車子搬運物品,正好碰到馬祖禪師躺在路中間休息,便請求禪師起身。可是馬祖禪師卻生硬的說:「只伸不縮。」

隱峰當下也不甘示弱地說道:「只進不退。」

兩人相持不下,最後,隱峰就推車向前,從馬祖禪師的腿上輾過去了。

馬祖禪師回到寺裡,立刻登堂說法,還拿著一把斧頭,屬聲說道:「剛才是誰輾傷老僧的腳,快出來!」

隱峰快步走向馬祖面前,毫不畏懼地伸出了脖子。馬祖禪師卻放下了斧頭,溫和地說道:「你對自己肯定的前途毫不猶豫,大千世間你可以任意行走了。」

隱峰便縮回了脖子,向馬祖禪師行跪拜禮,然後彎腰退下。

認為正確的就應該放手去做。無論學禪還是行事,都要不畏艱難,勇往直前。在前進中也須注意變通方式,進退有道,往往有助於達成目標。

▍正與邪

慚源仲興禪師曾在道吾禪師那裡當侍者,有一次端茶給道吾禪師時,道吾禪師指著茶杯問道:「是邪?是正?」

仲興走到道吾禪師的跟前面對著他,一句話也不說。道吾禪師道:「邪則總邪,正則總正。」

仲興卻搖了搖頭,表達了不同的意見:「我不認為如此。」

於是,道吾禪師便追問道:「那您的看法是什麼呢?」

仲興就把道吾禪師手中的杯子搶到手裡,大聲反問道:「是邪?是正?」

道吾禪師拍掌大笑，說道：「你不愧為我的侍者。」

仲興便向道吾禪師禮拜。

邪人說正法，正法也是邪；正人說邪法，邪法也成正。原由是邪人其心已邪，而正人本心是正。

我們的心本清明，但是已經久被概念所遮蓋、所奴役了，變得不再純真。所以，我們必須掃清心中的塵埃，以一顆清淨的心去看待世間萬物。如此，將體會到世上的一切原來如此美好！

▌禪師賣油

一日，趙州禪師到桐城縣，途中與安徽舒州投子山大同禪師相遇。

趙州禪師打量此人氣度不凡，便上前問道：「你是投子山主嗎？」

大同將手攤開道：「鹽、茶、油，請隨意買一些。」

趙州不理睬他，自己快步走到寺庵中安坐，大同禪師也隨後提著一個油瓶到了庵中。趙州禪師看著大同禪師手中的油瓶，便說道：「久聞投子山大同禪師之名，今日一見，原來只是一個賣油翁。」

「我也久聞趙州禪師，卻原來是個俗人！」大同不甘示弱地回敬道。

趙州禪師問道：「我何以是一個俗人？」

大同禪師說：「你只認識賣油翁，卻不認識投子！」

「那投子是什麼樣的呢？」

大同禪師提起油瓶道：「油！油！」

禪是沒有固定形成的，因為禪心是活的。大同禪師以日常生活中的柴米油鹽表現出禪的親切，其中卻在演繹著一種禪的意境，就看人們如何用心體會了。這也許便是禪意。

慧可安心

神光慧可禪師年輕的時候，聽說嵩山有個天竺來的和尚德行很高，就去拜謁他。神光來到嵩山，盡心盡力地服侍祖師。但日子一天天地過去了，從來沒有聽到祖師跟他講過一句佛法。在一個大雪的日子裡，神光決定肅立雪中，以此明志。如果祖師再不開示佛法，就凍死算了。

這樣過了一天，雪已經下到神光的膝蓋了，他凍得奄奄一息。祖師起來看到神光這樣，便問神光為何？

神光趕忙回答：「請師父慈悲，教我無上心法吧！」

達摩祖師說道：「要學無上心法，必須德行好，智慧高。」神光聽後，拿來一把刀，一下把左手砍掉。祖師一看，說：「為法捐軀，勇氣可嘉。」

於是，祖師終於肯收神光為徒，法名為慧可。

慧可又說道：「我的心無法安寧，請師父幫我安心。」

祖師喝道：「把心拿來，我為你安心！」

慧可一愣，自己剛才煩躁不寧的心去哪了？只好回答：「我的心找不到了。」

祖師笑了笑，說道：「我已經為你將心安置好了。」

安心之道，其實就在一個轉身。如果你不再是原來的自己，原來的煩惱也不再屬於你。佛性之道，就在於一個「變」字。如果能夠不斷轉換自己看待世間萬物的視角，定能從中體會出許多新義。新鮮的地方自然是有風景的！

只偷一次

石屋禪師外出，晚上投宿一家客棧。到了半夜，石屋禪師聽到房內有聲音，以為是客棧的主人，就問：「天亮了嗎？」一個聲音回答：「沒有，現

在還是深夜呢！」石屋禪師心想，此人能在深夜一片漆黑中起床摸索，定是見道很高的人，或許還是個羅漢吧？於是又問：「你到底是誰？」

「是小偷！」不想對方如此回答。

石屋禪師說：「原來是小偷。你先後偷過幾回啊？」

小偷回答：「那可數不清。」

石屋禪師就問：「每偷一次，能快樂多久呢？」

小偷說：「那要看偷的東西價值如何！」

「最快樂的時候能維持多久？」石屋禪師問。

小偷憂鬱地說：「不過幾天，過後仍然不快樂。」

石屋嘲笑說：「原來是個小賊呀，為什麼不做一次大的呢？」

小偷一聽，頗感興趣，便反問道：「你也是同道嗎？你偷過幾次？」

石屋禪師說：「只一次。」

小偷好奇地問道：「只一次，這樣夠嗎？」

石屋禪師不容置疑地說：「雖只一次，可終生都受用不盡。」

小偷情不自禁地走近禪師，問道：「這東西是在哪裡偷的？能教我嗎？」

石屋禪師突然指著小偷的胸部，大聲說道：「這個你懂嗎？這是無窮無盡的寶藏，你將一生奉獻在這裡，畢生受用不盡。你懂嗎？」

小偷若有所思地說：「好像懂，又好像不懂，不過這種感覺讓人很舒服。」

這個小偷從此改邪歸正，拜石屋禪師為師，後來居然成了一名著名的禪僧。

真是一語驚醒夢中人。而緣法就在於觸及了小偷的內心，並且讓他擁有面對內心的勇氣，使自己達到了開悟，從此去追求終生享用不盡的東西了。

一物都不違

一日，哀州南源道明禪師還在禪堂裡坐禪。

恰好在此時，洞山禪師前來參見，當他剛步入禪堂時，道明禪師便對他說：「已經見過了。」

洞山禪師聽完，立即返身走出了禪堂。

但是，洞山對於兩人已見十分不解，於是，他在第二日再見道明禪師時，便請示禪師到底何時相見過。

「心和心之間沒有間隔，都歸入佛性大海。」道明禪師回答道。

洞山慨嘆道：「差點放了過去。」

後來，洞山向道明禪師辭別的時候，禪師給了他八字贈言：多學佛法，廣作利益。

洞山對何為廣作利益很不明白，便請教禪師。

道明禪師開示道：「一物都不違。」

萬事都隨緣。這是需要何等的智慧才能達到的境界，也許對於常人來說是可望而不可及的。可是，一旦我們心中常存這種「一物都不違」的信念，定會對我們現實生活中的事業和為人處世大有裨益。

自己有主見

大梅禪師學了很多年禪，儘管他學習十分努力，但是一直沒有悟道。

有一天，他去請教馬祖禪師：「如何是佛？」

馬祖答：「即心是佛。」心就是佛，佛就是心。大梅馬上開悟。

　　開悟後，大梅離開了馬祖禪師，下山弘揚佛法。三年之後，馬祖要試試大梅是否真的明白了，派一個侍者去跟大梅禪師說：「師兄啊，師父近日佛法又有不同。」

　　大梅禪師吃驚地問道：「有何不同？」

　　侍者說：「大師又道：『非心非佛。』」

　　大梅聽了以後，笑著說：「這個老和尚，真是沒完沒了。任他非心非佛，我只管即心是佛。」

　　侍者回來稟告馬祖，馬祖禪師激動地說：「梅子熟也！」

　　人應該有自己的主見，堅信自己正確的見解；不要人云亦云，隨波逐流，那樣終將被驚濤駭浪沖走。在現實生活中，迷信權威的大有人在，但是權威人士的觀點不一定都是正確的。只有相信自我、勇於探索、勤於求知，才能有所建樹。

▌頭尾之爭

　　有一條蛇，蛇尾對蛇頭說：「我應該走在前頭。」

　　蛇頭拒絕了，並且說道：「我一向走在前頭，為何你突然提出要走在前頭啊！」

　　蛇尾十分不悅。接下來，蛇頭仍然走在前頭，但蛇尾卻纏住樹幹，蛇頭也走不動了。

　　無奈之下，蛇頭就讓蛇尾走在前頭，結果蛇掉進了火坑，這條蛇就被燒死了。

　　師徒關係也是如此，徒弟們總是埋怨年紀很大但經驗豐富的老師。殊不知，自己過於年輕，不熟悉戒律，經常惹出一些禍端，最後還會牽連師父，彼此遭受懲罰。

頭尾本是一個整體，只是位置功用不同罷了，假如彼此之間不團結，等待他們的只有毀滅。人類何嘗不是如此呢？每個人在人類社會中都扮演著不同的角色，他們必須時刻清醒地認識自己的地位和作用，並且默默地貢獻自己的力量，才能共同演好人類社會這齣大戲。

不能代替

臨濟禪師意識到自己即將圓寂，便召集弟子問道：「假如日後有人問起我的禪法是什麼，你們如何答他？」

大弟子三聖惠然禪師學著臨濟禪師一向教導學人的方法，高聲大喝！

臨濟禪師面色凝重，非常不以為然地搖頭說道：「誰能想像以後我的正法眼藏（本來指佛法的本質，重要之事物，禪家將之視為教外別傳之心印）會在這些大喝的人那裡丟失！真是叫人傷心呀！」

說完，臨濟禪師坐在法座上端然而寂。

看到臨濟禪師已經離世，惠然禪師傷心不已，說道：「老師平時對來訪者都大喝一聲，為什麼我們就不能這樣呢？」

臨濟禪師忽然活了過來，開口搭話：「我吃飯你們不能當飽，我死你們不能代替。」

弟子們急忙跪叩在地，惠然禪師請求道：「老師！請原諒，請多給我們一些指導吧！」

臨濟禪師大喝一聲，說道：「我才不讓你們模仿！」

說完，臨濟禪師就真的圓寂了。

度人必須依靠自己的本心，不可一味模仿別人。回歸到現實生活，人們應具有開拓精神，勇於創新，如此才能不斷推動整個社會的發展。

▋克契的謙讓

克契到佛光禪師那裡學禪已經有好長一段時間了，由於性格內向，總是一個人悶著頭默默地修行。

有一次，佛光禪師問他：「你自從來此學禪，歲月匆匆，已有十二個秋冬，你怎麼從不向我問道呢？」

克契答道：「老師每天都很忙，學僧實在不敢打擾。」

時光迅速，一晃眼，就過了三年。

一天，佛光禪師在路上又遇到克契禪僧，再問道：「你在參禪道上，有什麼問題嗎？怎麼不來問我呢？」

克契仍然回答說：「老師很忙，學僧不敢隨便和您說話！」

又過了一年，克契學僧經過佛光禪師禪房外面，禪師又對克契禪僧道：「你過來，今天有空，請到我的禪室談談禪道。」

克契禪僧趕快合掌作禮道：「老師很忙，我怎敢隨便浪費您的時間呢？」

佛光禪師知道克契過分謙虛，不敢直下承擔，這樣再怎樣參禪也無法開悟。

佛光禪師知道非採取主動不可，所以又一次遇到克契禪僧的時候，便明白地對克契說：「學道坐禪，要不斷參究，你為何老是不來問我呢？」

克契禪僧仍然說道：「老師，您很忙，學僧不便打擾！」

佛光禪師當下大聲喝道：「忙！忙！為誰忙呢？我也可以為你忙呀！」

佛光禪師一句「我也可以為你忙」的話，深深打動了克契的心，克契立刻於言下有所悟。

禪的本來面目就是直下承擔。謙虛固然不錯，但是過度謙遜會使人錯失開悟的良機。尤其在現代這個充滿機遇和挑戰的時代，機遇就是金錢，就是

發展，過度謙虛只會喪失許多發展壯大的良機。自信一點，抓緊機遇不放鬆才是真理。

糖餅的問題

有位學僧平時研究唯識論，一次去睦州道明禪師那裡參訪。

禪師桌上放著一盤點心，禪師便拿了一個糖餅，將其掰做兩片，問道：「這是什麼？」

學僧愣住了，無語以對。

禪師接著問道：「叫做糖餅，還是不叫糖餅？」

學僧期期艾艾，小心地答道：「不能不叫糖餅吧？」

禪師聽後不置可否，叫過一旁的小沙彌，問他：「一塊糖餅分作兩片，你怎麼說？」

沙彌毫不猶豫地說道：「兩片留在一心。」

禪師再問道：「你叫它什麼？」

沙彌回答道：「糖餅。」

道明禪師笑著說：「如此，你也可以講解《成唯識論》了。」

學問的目的是為了學以致用，而那學僧連平時常吃的糖餅叫什麼都不敢大聲地、肯定地說出來，如此不自信，就不是一個適合做學問的人。那麼，即使讀再多書懂再多道理，也只會如邯鄲學步般寸步難移。

是法平等

慧忠還只有十幾歲的時候，就對慧能禪師說道：「請求禪師慈悲為懷，收我當徒弟，救度一個眾生。」

慧能禪師講道：「在禪宗門裡，銀輪王的嫡子、金輪王的孫子才能繼承法嗣，不損壞宗門風氣。你是山野小林的俗人、牛背上長大的孩子，怎麼能夠投入這個宗門呢？」

慧忠講道：「啟稟禪師，萬物平等，沒有高低。您怎麼能用這樣的話妨礙我向善的心？再次請求禪師發慈悲收我為徒！」

慧忠此番話出言不凡：「是法平等，無有高下。」雖然他當時還是十幾歲的小孩，而且還沒有皈依佛門，但是由於他生長在這樣的環境中，養育了他的德性，也說明他的悟性很高。

因此，慧忠禪師後來受到唐代玄宗、肅宗、代宗等的禮遇，人稱南陽國師。

人雖有南北之分，但佛性普照天南地北，人人都具有相同的佛性，人人也都能參悟禪學。而在現實生活中，每一個人都有成功的機會，關鍵在於是否勤奮地去付出。只要自己付出了十二分的努力，一定會取得應有的成績。因為付出總有回報。

▊我有明珠一顆

守端禪師前往參拜楊歧方會禪師。有一天，楊歧方會禪師突然向守端禪師道：「你的受業老師叫什麼？」

守端禪師回答說：「茶陵郁和尚。」

方會禪師講道：「我聽說茶陵郁和尚在過橋時跌倒有悟，寫的偈詩很是奇特，你是否記得呢？」

守端禪師即刻背誦道：「我有明珠一顆，久被塵勞關鎖。今朝塵盡光生，照破山河萬朵。」

楊歧方會禪師聽了以後笑笑，起身離開，守端禪師感到愕然，整夜睡不著覺。

第二天天一亮，便去問楊歧禪師。當時正值年終，楊歧禪師說：「你昨天看儺戲了嗎？」

守端禪師說：「看了。」

楊歧禪師說：「你連那儺舞的丑角都不如，他喜歡別人笑，而你卻怕別人笑。」

守端禪師聽後即刻大悟。

茶陵郁和尚的詩講得很明白，明珠在自己心中，只因塵埃和愚昧將它埋藏。明珠代表自性，只要塵埃除盡便會光芒生起。守端也只會背詩，但自己不能開悟，不能將其變為自己的行為指針。

當今社會中的一些人何嘗不是如此呢？對一些書本上的東西背得滾瓜爛熟，卻不能用之於行動上，再美妙的夢想只停留在紙上，而沒有付諸行動，到最後也只是一種痴心妄想罷了。

▎攀比的煩惱

唐朝有一位很有名的高僧大德，名字叫洞山禪師。

他有一首名偈，是這樣寫的：「切忌從他覓，迢迢與我疏。我今獨自在，處處得逢渠。渠今正是我，我今不是渠。應須恁麼會，方得契如如。」這是洞山禪師開悟之偈。

當初，他參禪多年還沒開悟。有一天，他乘船渡河，看到河面上映著自己的影子，這影子好像另外一個自己在與這個真實的自己對話，洞山突然頓悟了。他把頓悟的感想寫成偈詩呈給老師，得到老師的讚許。

洞山禪師這首偈的意思是說，人要認識自我，知道自己所處的位置和具備的條件。千萬不可貪圖虛榮，追逐名利、權勢等身外之物。

回到現實生活中，我們要學會自然達觀，安貧樂道，要有自己真實的生活，不要盲目攀比。如果一味地與人攀比，只會不斷地迷失自我，失去自己原有的那份純真。

▌突破戒律

南北朝時，南朝劉宋間的竺道生是一個才思敏捷的高僧。有一次，宋文帝設會齋僧，過了很長時間才擺下齋飯，眾僧皆疑天時已晚，不敢食用。這時宋文帝一再勸大家用齋，並信誓旦旦地說：「沒關係，現在剛剛中午！」眾僧仍不敢舉箸。這時，竺道生站起來大聲說：「白日麗天，天言始中，何得非中？」意思是說，太陽是附著在天上的，皇帝就是「天」，既然「天」說剛剛中午，那就肯定是剛剛中午，沒什麼好懷疑的！說完，便捧起大鉢吃齋，眾僧也隨之吃了起來。

原來，釋迦牟尼創建佛教後，為了使這個新生的宗教盡快被社會各階層接受、認同，進而使人們達到皈依佛教的目的，制定了一系列較為完整而全面的僧人行為規範與僧團戒律。其中自然包括了僧侶的飲食規範。過了中午，眾僧不敢吃齋，就是因為不敢違反「非時食」的規定。

「沒有規矩，不成方圓」固然不錯，但清規戒律也不是一成不變的，隨著時間、環境的變化，需要與時俱進，不斷地改革、創新，才能隨著社會的發展而進步。

▌有主沙彌

趙州從諗禪師十八歲的時候到河南初參南泉普願禪師，當時南泉禪師正躺著休息，見來人年輕，就沒有起身，仍然躺著問道：「你從哪裡來？」

趙州禪師恭敬地答道：「從瑞相院來。」

南泉故意問道：「見到瑞相了嗎？」

趙州禪師微微一笑,說:「不見瑞相,只見臥如來。」

聽到這出乎意料的回答,南泉禪師不覺坐了起來,對趙州禪師頗為欣賞。然後又問道:「你是有主沙彌?還是無主沙彌?」

趙州禪師深施一禮,回答:「我是有主沙彌。」

南泉好奇地問:「是嗎?那麼你的師父是誰呢?」

趙州恭敬地頂禮三拜後走到南泉的身邊,非常關心地說道:「寒冬臘月,請師父保重!」

因為趙州禪師恰當的回答,南泉禪師非常器重他。從此,師徒相契,佛道相投,趙州禪師成為南泉禪師的入室弟子。

趙州禪師慧眼明利,出言吐語暗含玄機,還會利用行動去示意,這正是所謂無言說的禪風。但這一切都是因為他自身具有主見。

真正有主見的人,自有異於常人的能力。而大部分人自身毫無主見可言,事事隨波逐流,終將難有所成。只有充滿自信、有主見之人,才能不斷地披荊斬棘,最終邁向成功。

▌一切現成

文益禪師在雪停後辭別而去,臨行時地藏禪師將他送到門前,問道:「上座平時說三界指因心而產生,萬物因識而起。」接著指著庭院中的一塊石頭說道:「且說這塊石頭是在心裡還是在心外呢?」

文益禪師答道:「在心裡。」

地藏禪師說:「行腳人,何必將石頭放在心裡呢?」

文益禪師被問窘得無言以對,便放下包袱,留在地藏禪師法席下,請求指點。

一個多月來，文益禪師每天都提出他的觀點和道理，地藏禪師對他說道：「佛法不是這樣。」

文益禪師說：「我已經詞窮理絕了！」

地藏禪師開示道：「如果說到佛法，一切都是現成的。」

文益禪師聽完後立即大悟。

事物的實體就是現成的，只因人們從不同的角度去看它，因而產生了不同的看法。從是非去看，便有是非黑白之分別，由此產生對於是或非的執著。禪宗認為一切現成，一切皆如本來的樣子存在著，也就是實體。

平常心是道

從諗禪師問南泉禪師：「什麼是道？」

南泉回答道：「平常心是道。」

從諗又問：「還可以探究嗎？」

南泉說：「一探究就錯了。」

從諗反問：「不探究又怎麼知道是道呢？」

南泉說：「道不屬於知與不知的範疇。知是虛妄覺，不知則不可判斷。如果真正達到不疑的道，就像虛空那樣，空曠開闊，怎麼能強制它進行是非判斷呢？」

從諗禪師立即領悟了禪的道理。

平常心是禪、是道，禪、道存在於人的生活中，日常的生活、學習、工作，甚至穿衣、吃飯，無處不存在「禪」。禪就是平常的生活，而不是遠離人世間，在生活之外的什麼神祕的東西。關鍵在於我們怎麼保持一顆平常心，在日常生活的點點滴滴中參悟禪的妙處。

▋智慧無處藏身

司馬禪師想挑選一人去大洲山當住持，於是召集全寺僧人到禪院裡。並當眾宣布說：「你們中間誰能出色地回答我一個問題，就讓他去大洲山當住持。這裡每人均有機會。」

說完，禪師便從旁邊的案上拿起一個淨瓶，繼續說道：「這不是淨瓶，是什麼？」

眾僧抓耳撓腮，面面相覷，分明是淨瓶，卻不能稱作淨瓶，那又稱作什麼呢？

正在這時，一個蓬頭垢面的和尚朗聲說道：「讓我來試試！」眾人一看，原來是寺內專做苦役的雜務僧，都大笑起來。

司馬禪師卻一本正經地問道：「你叫什麼名字？」

「靈佑。」和尚沉靜地答道。

於是，靈佑就走上前去，從禪師手中接過淨瓶，放在地上，然後一腳將它踢出了院牆，轉身退回原地。

司馬禪師見狀，不禁驚叫：「此乃大洲山住持也！」

既然不是淨瓶，那就一腳踢翻好了，何必多說？靈佑真是深得禪機。後來，他便去大洲山當了住持，並且創立了中國禪宗五大宗派之一的洲仰宗。

答案既然是否定的，就沒有必要再去討論它的歸屬。而且，從中不難體會出，智慧無處藏身，即使一時不被重視也沒關係，是金子終究會發出奪目的光芒。因此，我們應該加強個人修養與累積知識，相信有一天也能步入成功的殿堂。

▋有與無

智藏禪師住持西堂後，有一位僧士問道：「有天堂、地獄嗎？」

禪師答：「有。」

僧士問：「有佛、法、僧三寶嗎？」

禪師答：「有。」

還有許多問題，禪師都回答說有。

僧士就用不屑的口氣說：「禪師這樣回答，恐怕錯了吧！」

禪師就問他：「難道你有不同的見解？」

僧士頗為自豪地說：「我可是曾經在徑山禪師那裡學過禪的！」

「那麼，徑山禪師是怎麼對你說的？」禪師問道。

僧士答道：「他說一切都無。」

禪師話題一轉，問道：「你有妻子嗎？」

僧士答曰：「有。」

智藏禪師又問：「那徑山禪師有妻子嗎？」

「沒有。」僧士回答。

禪師趁機開示：「徑山禪師說『無』就對了。」

僧士施禮道謝而去。

　　有與無因情況不同而存在，都有道理，實際上是破除人們對有無的執著。一切存在都是按條件來組成，但條件是不斷變化的，所以一切是「無」。因此，我們不應執著於任何概念，要超越它們，從而更好地去認識世界。

有與無

修持篇

　　修持就是修行持之以恆。不斷地修正自己的行為、思想、見解與念頭，讓自己成為一個有道之人。不刻意修飾，言行像一般人一樣，卻能注意修心養性者，才是真正的有道者。

一日不作，一日不食

百丈懷海禪師是唐朝的一位名僧，他倡導一日不作一日不食的農禪生活，自己每天除了領眾修行之外，凡事親力親為，勤苦工作，對生活中的自食其力，極其認真，對於平常的瑣事更不肯假借他人。

在他年老的時候，仍然每日跟隨弟子們上山擔柴，下田種地。弟子們見了，十分不忍心。於是，大家都懇請他不要再隨眾出去工作了，禪師卻回答得十分堅決：「我無德勞人，人生在世，若不親自勞動，豈不成了廢人！」

弟子們眼看不能打動禪師堅持工作的決心，便把他所用的工具全都藏了起來，不讓他做事。

禪師深感無奈，便以絕食來抗議，弟子們非常焦急，便去請示師父，禪師以「一日不作，一日不食」作答。弟子們實在沒有辦法，只好將工具還給他，讓他隨眾勞動。從此，禪師的這種精神也流芳於後世。

有人認為，修禪就是在摒絕塵緣基礎上純粹地坐禪，甚至因此拋棄了工作。禪源於生活，從生活中所悟知的禪學才算是禪的至高境界。那些口口聲聲說為了參禪唸佛而不工作的人，只是在為自己懶惰找藉口罷了。

放下屠刀

殃崛摩羅尊者一度想成為國君，他從一個外道那裡得知，只要能有一千個大拇指做成花冠，便可如願。

於是，他就四處收集，終於收集到了九百九十九個大姆指，只差一個就能成功了。成功的喜悅充斥著他的頭腦，甚至使他衝動得想殺掉自己的母親，從而達成心願。

佛祖在靈山上觀照到了這個國家，便想度化他。隨即化成一個比丘出現在殃崛摩羅面前。

　　殃崛摩羅見狀，立即去追殺比丘。一前一後，比丘在前面慢慢地走啊走，殃崛摩羅在後面急步地追啊追，但兩者之間總是差著那麼一點距離。他便對著比丘高聲喊「停」。

　　佛祖卻輕輕地說道：「我已經停下許久了，是你自己停不住。」

　　殃崛摩羅頓時覺醒，繼而放下屠刀，出家為佛了。

　　如何才能讓自己煩惱不休的心得以止歇呢？必須學會在世間紛繁的事務中停下來，靜靜地思考，多給自己一些思考的時間，在不斷的思考和參悟中，使自己的心逐漸安寧下來。

自心不靜難尋靜

　　崛多禪師為印度人士，他總是四處遊走參禪。

　　一日，他來到了太原定襄縣歷村，見到神秀大師的弟子用草結成了庵，獨自坐在裡面參禪。禪師便走上前，尋問他在做什麼，那弟子回答是在探尋清靜。

　　「探尋清靜，清靜為何物？為什麼不探尋自己的本心，以讓自己的心得以清靜？」那名弟子無言作答。禪師見他根性遲鈍，接著又從他那裡知曉他的師父是神秀和尚，並問他是否還有其他方法，得到的卻是否定的回答。

　　禪師聽了不由得發出一聲感嘆：這種修行方法實在是誤人不淺啊！於是介紹那弟子到自己的老師六祖那裡去參悟真正的禪法。

　　那弟子在聽完禪師的訓導和提醒後，立即去參見六祖慧能，並將整個過程敘述了一遍。六祖沉默了一會兒，說道：「你應該先探尋自心，只有自己才能讓自心清靜下來。」

　　這個弟子聽了之後，方才有所覺悟。

　　真正的清靜是「心靜」，而不是所謂的「無音便是靜」。只有在長期的修行中，從探尋自心做起，才能達到真正的自心清靜。

▌因緣際會

　　藥山唯儼禪師曾在石頭希遷禪師座下密證心法，後在馬祖道一禪師座下澈悟。

　　一日，有一學僧請示藥山唯儼禪師道：「弟子生死大事未明，求老師慈悲開示！」

　　藥山禪師說道：「我對你說一句話不難，如果你能體會那就好。如果無法體會，倒是我的罪過。不如彼此都不要開口，免得互相拖累。」

　　學僧仍然問道：「達摩未到中國時，我們這裡有祖意嗎？」

　　藥山禪師點了點頭。

　　學僧便問：「這裡既有祖意，達摩來此又是為了什麼？」

　　藥山答道：「只為有，所以來。」

　　寶藏人人本有，只憾無人點明。達摩不遠千里，只為發掘眾人寶藏而來。而我們自身更應在好好認知自我的基礎上，充分挖掘自身所蘊含的無限潛能，並且發揮自己的潛能，成就一番事業。

▌喝茶

　　有一天，趙州從諗禪師問新來的僧人：「你以前來過這裡嗎？」

　　僧人回答：「來過。」

　　從諗禪師便說：「去喝茶吧！」然後轉過頭問另一個僧人：「你以前來過這裡嗎？」

那僧人說：「回師父，沒來過。」

從諗禪師也說了一句：「去喝茶吧！」

這時，身旁侍立的院主非常不解，就問：「禪師，為什麼來過這裡您讓他去喝茶，沒來過這裡您也讓他去喝茶呀？」

從諗禪師便叫了一聲：「院主！」院主應聲答到，從諗說：「你也去喝茶吧！」

「去喝茶」三個字，看似簡單，但對一個禪者而言，卻是一生修持和解悟的主題。禪是茶的昇華，茶是禪的契合，禪與茶的交融，是人生的感悟，是生命的協調；參禪與喝茶的最高境界是物我同一，平常心是道。

▌割捨

從前，盧州城裡的法慶禪師十分鍾愛蘭花，禪寺的庭院裡擺放著他栽種的數百盆蘭花，品種各異，非常漂亮。在講經說法之餘，他都會精心培育那些花，蘭花似乎已經成為禪師生命的一部分了。

有一次，禪師因事外出了，把替花澆水的事囑咐給一個沙彌。沙彌在替花澆水時，一不小心碰倒了花架，整架的花盆都被打翻了。他嚇呆了，一時不知道怎麼辦才好，心裡料想著禪師回來必會被罵得狗血淋頭。

但出人意料的是，禪師回來後，卻絲毫沒有責怪之意，反而心平氣和地對沙彌說：「我喜愛蘭花的原因是要用香花供佛和美化寺院環境。世間的一切都是無常的，因此，不要執著於心愛的雜物而難以割捨。」

聽完之後，沙彌體會到了禪師的良苦用心，並從中有所覺悟，於是將整個心思花在修持上，最終成為一代名師。

人生在世，最難做的莫過於放得下，讓愛憎之念霸占整個心房的人，難以得到真正的快樂與自由。只有看淡世間萬物，並適當的割捨，自己的生活才能變得輕鬆，才能從中感受幸福和美滿。

▍珠在何處

一日，覺能向元徵禪師請教佛法。

覺能說道：「在修行過程中，感知心與妄想心就如兩條龍在爭鬥。假如雙龍搶珠，珠落誰手呢？」

元徵禪師聽後不悅，要求覺能應該先去除自己身上的妄想心和不良習氣，如此自然就能知道珠落誰手了。

而覺能卻感覺自己的妄想心已經去除了，但還是不能明晰事理，心中倍感困惑。

元徵禪師似乎看出了他的不解，於是反問道：「如果你確實已去除了妄想心，難道還能看到寶珠的所在？」

覺能一下子無言以對。

身為禪者，在修行過程中必須去除心中的妄想心與不良習氣，保持一顆平常心，才能修成正果。

▍不淋一人

從前，一位禪師讓弟子們去參悟兩句話：綿綿陰雨二人行，怎奈天不淋一人。

弟子們聽到後就紛紛議論起來，各抒己見，異常熱鬧。

甲說：「兩人行於雨中，天不淋一人，是因為那個人穿著雨衣。」

乙說：「那一定是陣雨吧！就像有時下雨，馬背上會一邊溼一邊乾呢？」

丙聽完前兩位的發言後，十分得意地說道：「你們都錯了，明明是綿綿細雨呢！一定是其中一人走在屋簷下。」

大家在議論中似乎都覺得自己有理，但就是不能說服別人。

此時，禪師抓住時機，朗聲說道：「所謂『不淋一人』，便是兩個人都在淋雨啊！」

弟子們聽後恍然大悟，自己太執著於「不淋一人」的說法，彼此爭論不休，但卻無法在爭論中探究出真理，實屬遺憾。因此，在研習事物時，不能「死鑽牛角尖」，必須在抓住事物本質的基礎上靈活行事。

一堆牛糞

佛印禪師是東坡居士的好朋友，他們經常一起打坐參禪。

一次，兩位又在一起打坐。東坡自以為修行已經達到一定境界了，便問禪師自己坐著像什麼。

在聽到禪師稱讚自己像一尊佛後，東坡心裡十分得意。

此時，佛印禪師又反過來問他坐在那裡像什麼。

東坡卻故意打趣禪師道：「我覺得你的樣子像一堆牛糞！」本以為佛印聽後會不高興。可是他非但沒有生氣，反而笑嘻嘻的，東坡覺得自己占便宜了，於是，在回到家後，得意洋洋地將整個過程向蘇小妹敘述了一遍。小妹聽後，即笑東坡輸給了禪師。禪師心中有佛，所以萬物均被他視為佛；東坡修行沒到家，才可能從禪師想到牛糞。

一個人修行造詣的高低，從他的言行上便可體現出來。心有所想，方有所言。要想在修行上有所成，必須從修心做起。

心無外物

從前，印度的一位神僧自以為神通廣大，能夠了人的心跡，便去了祖心禪師那裡，要求他予以驗證。

禪師聽完之後，立即於心中想到一件事，詢問他自己的心處何處。

神僧利用神通查看後，答道：「高山仰止，小河流水。」

禪師面露欣許之色，馬上將心念一轉，再讓神僧查看其他事，在經過一番考察後，他又回答得十分準確。

一會兒，禪師逐漸進入禪定的境界，無我相、無人相、無世界相、無動靜相。繼而問道：「請看老僧現在什麼地方？」

神僧使盡了渾身解數，仍不見禪師心跡，一時就呆在那裡，不知如何是好。

殊不知，禪師在進入禪定的境界後，心跡便蕩然無存。既然沒有了心跡，那就無從查起了。即使城府高深莫測，因為存在，別人便能察覺。只有心無外物，人家才無可探知。

▌佛就是自我

曾經，有一個學僧對於狗馬這些動物是否具有佛性十分疑惑。於是，他帶著問題去請教慧忠禪師，得到了禪師肯定的回答。

學僧繼而深問原由，禪師回答說那是由於牠們都是眾生，眾生均有佛性。

他心想，一切眾生皆有佛性，那禪師理應也有佛性，卻遭到了禪師的否認。

這下，可真把學僧弄糊塗了，莫非禪師就是佛？可是也被他否定了。那他究竟是什麼呢？

「我不是一個『什麼』！」禪師回答得非常乾脆。

學僧繼續問道：「佛性到底是什麼？我們是否能夠看到、想到或感覺到它？」

禪師聽後僅以四字作答，「只能悟到」。

真正的佛是一種澄靜的智慧，一種明亮的行為。必須經過自己的一番悟知，方能領略佛性的本源，從而達到處事妙圓、處處空寂的境界，這便是真佛！自我也就是佛，肯定自我才是自我。

誰是禪師

佛光禪師參禪十分用心，以至於經常在參禪中忘記自我。

但由於他對禪學參悟頗深，每日總會有眾多禪者來拜見禪師。他們來自全國各地，都是為了向禪師請

益。

侍者往往會如此通報，某位學僧想見禪師問禪。可禪師總是自然地反問：「誰是禪師？」

有的時候，禪師正在吃飯，當侍者問他是否吃飽時，他也常會茫然地問：「誰在吃飯呀？」

有一次，禪師下田忙碌，一天都沒有休息，弟子們便慰問他說：「禪師，您辛苦了！」

「誰在辛苦？」想不到禪師會如此回答。

禪師往往這樣忘我地回答別人，也反問別人。但是不少禪者卻能從禪師的這些話中找回自己，重新認識自我。

從禪者的語言中又體會出一番深意，禪者的生活作息中也體現著一種崇高的境界。他們的言行有著無窮的奧妙可供回味和咀嚼，他們的警策是如此親切又不失風度。這便是禪師。

▎差別在於是否用心

從前，有兩人跟隨一個師父學道，一次，他倆受師父的差遣，去另外一個國家。

一路上，兩人有說有笑，好不開心。突然見到地上有大象的足跡，師兄便要師弟猜大象的一些具體情況。師弟仔細地看了看那大象的腳印及周圍的情況，便發話了，「這是一隻母象，牠已經懷有小象，且牠瞎了一隻眼睛，象背上坐了一個婦女，那婦女懷了個女孩。」經核實，推斷是正確的。

師兄非常不解，兩人一起跟師父學道，為何自己不知這些呢？回去後，將事情的來龍去脈講給師父聽了。

聽罷，師父便問另外一個弟子是怎麼知道這些事情的。

他答道：「我是從一些細微的地方推斷出來的，比如看象留下的小便痕跡，就知道它一定是隻母象，從象足右邊很深的腳印可推斷它一定懷了小象，看到路邊右面的草沒有被吃，就不難推斷象的右眼是瞎的。如此推斷，整件事情就水落石出了。」

師父聽完，嘉許地點了點頭。

學習必須用心去思考，「師父領進門，修行在個人」。只有善於觀察事物，勤於思考，透澈分析所觀察的現象，才能正確地把握事物本質，不斷充實自己的知識。必須多思多慮，才會學有所用、學有所得；否則，在學習中不用心，必然得不到真才實學，也就只能在碌碌無為中耗盡一生。

▎變與不變

在後唐武宗時候，朝廷毀滅佛法。岩頭禪師是那時的一名得道高僧，可他仍然替自己縫製了一套俗裝，準備在萬不得已時用。過了不久，皇帝便下聖旨，強令僧尼還俗，並要逮捕那些有名的高僧。

於是，禪師穿上了俗裝，戴上了低沿帽子，躲在一個在家修行的師姑（女道士）的佛堂。當他趕到那裡的時候，正逢師姑在齋堂吃飯，便自己走進了廚房，拿起碗筷也吃了起來，但很快就被道童發現了。在道童告知師姑後，師姑拿著棒子過來了，見是岩頭禪師，十分驚訝，心想，一名高僧怎能如此打扮。禪師看破了她的心思，大笑一聲說道：「形可變，性不可變啊！」

當行事遇到困境時，人們常常有兩種選擇：退縮或堅守。但有些人卻在堅守中過於執著。何為執著？固執或拘泥之意，任何一種執著都會妨礙人的修行。如果能夠體悟到變形不變性，固守自身佛性，那才是真正的堅固磐石，不為外物所動。如此，必能突破困境，邁向成功。

▌尋找失落的「自我」

大慧禪師座下弟子眾多，道謙和尚已經跟他參禪二十年了，但還是沒有修道，心中十分著急。

一次，禪師讓他出去辦事，大概需要一年時間。但一想到自己參禪還沒什麼進展，又要浪費這麼長時間，他心裡愈發愁悶。於是，他便向朋友宗之和尚訴說了這些苦惱，宗之答應可以陪他一起去，並且願意在路上幫他參禪。

但是，自從出發後，宗之似乎忘記了原先的承諾。道謙非常失望，宗之就對他說：「不是我不幫你，實在是我幫不了你！這一路上你必須自己做五件事，即吃、喝、拉、撒、睡。」

聽完宗之的一席話，道謙頓悟了，從中認識了真正的「自我」。從而獨自踏上了行程。

參禪的根本是「自悟自證」。靜慮的實質是自我審視、自我淨化、自我完善、自我昇華……其實，只有不斷地完善自我、充實自我和感悟自我，才能找回失落的自我。否則，只會陷入渾噩的窘境無法自拔。

▌一尊佛

兄弟二人一起學道參禪。師兄謹守戒律，絲毫不犯；師弟卻是生活懈怠，喜好喝酒。一日，師弟正在喝酒，師兄剛好從門口經過，師弟便親熱地招呼道：「師兄！進來喝一杯吧！」

師兄不屑地看了師弟一眼，罵道：「沒有出息，已經出家為僧了，還不戒酒！」

師弟聽後非常不服，大聲地回道：「連酒都不會喝的人，就不像是人。」

師兄聽後氣憤不已，反唇相譏：「你說我不像人，那像什麼？」

「你像一尊佛。」師弟喝了一口酒，悠然答道。

學道是為了領悟和提升自己生命的層次與境界。守戒無非是一種手段罷了，但最終還是為了達到開悟，用戒律來去除心中的執著。如果本身就沒有執著，戒律也就略顯次要了。我們必須不斷去除那份執著，從而輕鬆地享受生活中的純真和樸實。

▌刮金救人

榮西禪師身為白馬寺的住持，德高望重，對禪學也領悟頗深。

有一次，恰逢乾旱之年，寺裡生活維持十分艱難。一戶衣衫襤褸的人家由於已經好幾天沒有吃飯了，一家老少臨近餓死，便向禪師求救。

禪師聽完，面露難色，一想到寺裡的困境，感到相當為難。突然間，他看到身旁那鍍金的佛，眼睛裡一下子閃出了光芒。他馬上就用刀子把佛像上的金子刮了下來，用布包好，交給了那戶人家，讓他們拿去買食物。

那戶人家十分不安，當即雙手合十，說道：「真是罪過啊！」

旁邊站著的弟子也說道：「師父竟然將佛祖的衣服——佛祖身上的金子拿去送人，這是對佛祖大不敬啊！」

禪師沉默了少許，然後意味深長地說道：「我佛慈悲，祂都願意用自己身上的肉來布施眾生，更何況只是身上的衣服呢？我這樣做無非是圓佛的心願罷了。」

弟子聽後，恍然大悟。

信仰，應當體現在用行動來實踐教義上，而不必拘泥於表面形式。但有些人往往盲目地崇拜權威，本身對權威的思想卻是一知半解，自然難以吸取其中的精華並化為己用。

鹹淡有味

弘一大師在出家之前是一個藝術家，因而能夠將佛道修行與藝術生活很好地結合起來，從而達到了很高的人生境界。

一日，著名教育家夏丏尊前來拜訪，大師正好在吃飯。而桌上除了一碗米飯之外，只有一道鹹菜。夏先生不忍心地說：「難道您不嫌這道鹹菜太鹹嗎？」

「鹹有鹹的味道！」弘一大師回答道。

大師很快就吃完了，便去倒了一杯白開水喝。夏先生又皺了皺眉頭，說道：「沒有茶葉嗎？難道大師每日都是喝如此平淡的開水？」

弘一大師聽完，微笑著回答：「開水雖淡，但淡也淡的味道。」

鹹淡有味，非安貧樂道之人難以達到此境界。

我們必須加強自己的身心修養，使自己對事物的認識，不再只憑感覺而停留在事物的表象，而能夠用心去體會事物的真實。

▌草木成佛

日本的真觀禪師，最初研究天台教義六年，後來改習禪學七年。為了導師訪道，明心見性，找回自己的本來面目，再次去中國，訪遍名山叢林，參活頭，習禪定，又是十二年。

二十多年後，他終於證得禪門自我，整裝回國，上京都、奈良等地弘揚禪法。各地學者蜂擁而來參禪求道，大家爭相提出各種難題，要他解答。

一日，有一位研究天台教義三十餘年的道文法師慕名而來，非常誠懇地問道：「我自幼研習天台法體思想，有一個問題始終不能理解。」

真觀禪師爽朗地答道：「天台法體的思想博大精深，圓融無礙，不知是什麼問題？」

道文法師問道：「請問，花草真有可能成佛嗎？」

真觀禪師不答反問：「三十年來，你掛念著花草樹木能否成佛，這對你有何益處？你應該關心自己如何成佛！」

道文法師詫異，然後說道：「我從沒如此想過，那請問我自己如何成佛？」

真觀禪師道：「你說只有一個問題問我，至於第二個問題，就要你自己去解決了。」

禪，需要我們當下認識自我，不要去攀援其他。既然有心思花上三十年參悟花草成佛的問題，就應該心懷恆心為自己求悟了。為自己求悟才是我們真正的方向。

▌我也有舌頭

汝州廣慧無璉禪師，泉州人，俗姓陳。在初學道的時候，一直在真覺禪師的座下參禪，白天負責廚房典座的工作，晚上則以誦經作為修行的功課。

一日，真覺禪師問他道：「你看的是什麼經？」

「《維摩經》。」

真覺禪師進一步問道：「經在這裡，維摩居士在哪裡呢？」

無瑋茫然不知如何回答，深愧自己所知有限，便反問真覺禪師：「維摩在哪裡？」

真覺禪師回答道：「我知道也好，不知道也好，就是不能告訴你！」

無瑋聽完覺得十分慚愧，就辭別真覺禪師四處雲遊行腳，親近的善知多達五十人以上，但仍然無法開悟。

一日，他去參訪河南省首山禪師，並請教道：「學人親到寶山，空手回去之時如何？」

首山禪師道：「拾取自家寶藏！」

元瑋當下大悟，說道：「我不懷疑天下禪師們的舌頭了。」

首山問：「你體會到什麼了？請說來聽聽。」

元瑋回答道：「我也有舌頭。」

首山禪師很高興地說：「你已經了悟禪的心實了。」

我們不能妄想透過虛妄的假設來達到禪悟。必須不斷加深對真理的理解，從而提升自身對於事理的辨識能力，才能更好地認識世界。

無心茶

一休禪師的弟子珠光創立了「茶道」，因而有茶祖之譽。

有一天，一休禪師問珠光：「珠光！你是以何種心態喝茶？」

珠光答道：「為健康而喝茶。」

一休禪師於是提起了「趙州喫茶去」的公案：「有學僧請示趙州師以佛法大意：『喫茶去！』你對這件事有何看法呢？」

珠光默然不語。

一休禪師心裡暗暗稱許。過了不久，一休禪師叫侍者送來一碗茶。當珠光捧茶在手時，一休禪師便大喝一聲，並將他手上的茶碗打落在地。然而珠光依然什麼也沒說，接著，珠光向一休禪師道謝，便起座出門。

一休禪師叫道：「珠光！」珠光急忙回頭應答。

一休禪師便問：「茶碗已經打落在地，你還有茶喝嗎？」

珠光兩手作捧碗狀，說道：「弟子仍在喝茶。」

一休禪師不肯罷休，追問道：「你已經準備離去，怎可說還在喝茶？」

珠光誠懇地回答：「弟子到那邊喝茶！」

一休禪師再問道：「我剛才問你喝茶的心得，你只懂得這邊喝，那邊喝，可是全無心得。這種無心茶如何？」

珠光沉靜地答道：「無心之茶，柳綠花紅。」

不難看出，珠光已經完成了新的茶道。而無心之茶包羅萬象，柳綠花紅，別有一番風味。喝無心茶，悟真滋味。

▌禪像什麼

有一個信徒很想學習打坐，但總是不得其門而入。一日，他鼓起勇氣到五祖山去拜訪法演禪師，非常誠懇地說道：「老師，我很笨，自知非參禪法器，但高山仰上，雖不能至，心嚮往之，能否請您告訴我，禪像什麼？」

法演禪師回答道：「我講個故事給你聽，有一天，小偷的兒子對他說：『爹！您年紀漸漸大了，找個時間教我偷盜的技術吧！免得以後我沒辦法生活。』父親不好推辭，便答應了。這天晚上，父親將兒子帶到一戶富有人家，將衣櫥的鎖打開，叫兒子進去。兒子進去以後，父親馬上把櫥子鎖了，叫道：『有賊！有賊！』轉身便走了。富人家聽說有賊，趕緊起來查看，發現東西

並無遺失，也沒有看到小偷，就又睡覺去了。鎖在衣櫥裡的小偷，不知道父親這麼做是什麼用意，但當務之急是先脫身。於是小偷靈機一動，學起了老鼠咬衣裳的聲音。不一會兒，房內的夫人就叫丫鬟拿燈來看。丫鬟剛打開衣櫥，小偷就一躍而出，把丫鬟推倒，吹滅油燈，飛也似的逃走了。富人派人窮追不捨，一直追到河邊。小偷急中生智，把一塊大石頭拋到水裡，自己躲在一邊。追趕的人以為小偷被逼得投河了，便沒有尋找。歷盡艱險的小偷回到家中，卻見父親正在喝酒，便埋怨父親不該把他鎖在衣櫥裡。父親只問他怎麼出來的，兒子把經過一說，父親非常高興地笑道：『你以後不愁沒飯吃了！』」

接著，法演禪師開示那位信徒：「就像這個小偷的兒子一樣，能從無辦法中想出辦法，便是禪了。」

大千世間，何其浮華，足以讓人迷惑於其中不能自拔，根本無法修行。禪，便是於不可修之處找到修行的路。

▌道在何處

有位僧人整日修行，但對於道在何處迷惑不解，便帶著這個問題去請教唯寬禪師。

禪師只以四字作答：只在目前。

那僧人聽後，越發不解，為什麼自己看不見呢？於是再請示禪師。

禪師說道：「因為你有『我』，所以看不見。」

僧人便問禪師是否還見。

「有『你』有『我』就更看不見了。」禪師回答道。

僧人聽了，再問禪師道：「那如果沒有『你』、『我』，是不是就能看到呢？」

禪師沉默了一會，開示道：「既然『你』、『我』都沒有了，那還有誰去求見與不見呢？」

禪本身是一種智慧，需要人們在找到禪門入處的基礎上，不斷利用自身的悟性體會禪的真諦。參透禪的過程是艱辛的，人們往往會在以悟非悟、似明非明的狀態下徘徊，但最後卻能從中體會到美妙的感覺。

▍滿了嗎

無德禪師德行高深，座下弟子眾多。

一日，當禪師座下參學了一段時間的學僧，突然要向禪師辭行，說他覺得已經夠了，想去雲遊四方。

禪師便問他夠了的標準是什麼，那學僧異常認真地回答道：「夠了就是滿了，裝不下去了。」

「這一盆石子滿了嗎？」禪師隨意指著旁邊的一盆鵝卵石問道。

那學僧點了點頭。

於是，禪師抓了好幾把沙子撒入盆裡，沙子很快不見了，繼而問學僧是否已滿。

「滿了！」學僧回答道。

禪師又抓起一把石灰撒入盆裡，石灰不見了。

再問學僧：「滿了嗎？」

學僧驚詫地回答：「好像滿了。」

過了一會兒，禪師又順手倒了一杯水下去，水不見了。

「滿了嗎？」禪師又問。

那學僧無言以對，便默默地拿著行李回禪房去了。

心如虛空，量同沙界。難以填滿比虛空還浩翰的心靈。一個人的所知所得往往是微不足道的，因為天外有天，自己所不知曉的東西才是博大的。因此，我們在修行、學習和工作中，都應該有一顆謙虛的心，不斷地用新的知識來充實自己的大腦，如此才能有所成就。

把握現在

從前，一個日本的禪僧千宗旦，約好請他的老師——清嚴和尚為其新建的茶室命名。可因臨時有事，千宗旦沒等老師來就出去了。他留下一封信，大意是：「先跟您道個歉，我因事出去，明天再親自去看您。」等千宗旦回來，得知自己不在時老師已經來過，並留下一張紙條，上面寫道：「懈怠比丘，不期明日」八個字。千宗旦知道，老師雖然說自己是個怠惰的和尚，明天的事根本不去想它。但實際上是在批評他這個禪心不深的徒弟。

於是，千宗旦到師父那裡，一面自我檢討，一面有所醒悟地說：「我已經明白老師的意思，我們今日好好地生活即可，不要老把心思用在明日上。」並表示，為了感謝老師的啟發，決定把自己的茶室取名為「今日庵」。

我們能擁有的時刻只有「即今」。因此，我們得好好把握當下，腳踏實地地度過每一分。若能如此，我們不論陰、晴、悲、喜，身心都會處之安然。

禪師對坐

黃龍禪師住在淨戒寺的時候，有一次去拜訪洞山禪師，兩人互相施過禮後便焚香對坐。兩位禪師默然無語，從下午一直坐到深夜。洞山禪師突然站起來說道：「夜深了，妨礙你的休息。」然後兩人告別，各自休息。

第二天，黃龍禪師一回到自己的禪院，就迫不及待地向永首座打聽：「你當初住在廬山的時候，認識洞山禪師嗎？」

「不認識，只聽說過他的名字。」

停了一會，永首座問道：「老師這一次見到他，看他是個什麼樣的人？」

黃龍禪師答道：「奇人！」

首座退下以後，就去詢問侍者：「你跟黃龍禪師見到洞山禪師的時候，他們談了些什麼？」

侍者就把兩人對坐、默然無語的情形告訴了首座，首座百思不得其解，喟然嘆道：「真是疑煞天下人！」

人與人之間，要用語言文字才能交換思想意見；但語言文字卻難以表達意識之外的境界。禪，教外別詩，不落言注。禪師傳道，有時揚眉瞬目，有時捧喝笑罵，都是直截了當的教育。

▌勘破婆子

有一位僧人向一位老婆婆問路：「台山路向何處去？」

老婆婆說：「徑直前去。」

當僧人才走三五步時，老太婆說道：「好一位僧師，又這樣去了。」

後來有位僧人將這件事告訴了趙州禪師，趙州禪師說：「讓我為你勘察一下，這位老婆婆是否真的懂得禪。」

第二天，趙州仍舊這樣問她，老婆婆仍然這樣回答。

趙州回來後，對眾僧人說：「我已經察破她的破綻了。」

真正懂得禪的人絕不是老一套，而應該富有創造性。趙州親自去探問，可還是老一套，死守那幾句話，這便沒有禪，所以趙州說已經看出她的破綻來了。禪反對形成主義，注重創造性。因此，只有以一種創造性的心態去參禪，才能真正體會出禪的真諦來。

不肯放下

佛陀住持時，有一位名叫黑指的婆羅門，兩手拿了兩個花瓶，前來獻佛。

佛陀立即要求婆羅門放下，婆羅門便將他左手拿的那個花瓶放下。

佛陀繼而又要婆羅門放下，婆羅門又把他右手拿的那花瓶放下。

兩個花瓶都已經放下了，然而，佛陀還是對他說：「放下。」

黑指婆羅門於是困惑了，現在已經兩手空空，沒有什麼可以放下的，於是請示佛陀。

佛陀意味深長地說道：「我並沒叫你放下你的花瓶，我要你放下的是你的六根、六塵和六識。當你把這些通通放下，再沒有什麼了，你將從生死桎梏中解脫出來。」

這時，黑指婆羅門才理解了佛陀放下的道理。

要把抓在手裡的完全放下實在很困難。這也許就是人們心中的欲望。俗話說得好：人心難滿。當我們有了功名時，就對功名放不下；有了金錢，就對金錢放不下；有了愛情，就對愛情放不下；有了事業，就對事業放不下。在擁有了這一切的基礎上，一些人還會妄想諸如名利之類的塵世浮華。

而正是對於手中之物的割捨，加大了肩上的重擔和心中的壓力，使自己的人生總是在痛苦中煎熬。佛陀所示的「放下」，不失為一種解脫苦難的幸福之道。

國家圖書館出版品預行編目（CIP）資料

定、靜、安、慮、得：人生禪學簡單入門課 / 歐陽翰，劉燁 著.
-- 第一版 . -- 臺北市：崧燁文化，2020.04
　　面；　公分
POD 版

ISBN 978-986-516-370-9（平裝）

1. 禪宗 2. 修身 3. 生活指導

226.65　　　　　　　　　　　　　　　　108022413

書　　　名：定、靜、安、慮、得：人生禪學簡單入門課

作　　　者：歐陽翰，劉燁 著

發 行 人：黃振庭

出 版 者：崧燁文化事業有限公司

發 行 者：崧燁文化事業有限公司

E - m a i l：sonbookservice@gmail.com

粉絲頁：　　　　　　　網址：

地　　　址：台北市中正區重慶南路一段六十一號八樓 815 室

8F.-815, No.61, Sec. 1, Chongqing S. Rd., Zhongzheng

Dist., Taipei City 100, Taiwan (R.O.C.)

電　　　話：(02)2370-3310 傳　真：(02) 2388-1990

總 經 銷：紅螞蟻圖書有限公司

地　　　址: 台北市內湖區舊宗路二段 121 巷 19 號

電　　　話:02-2795-3656 傳真:02-2795-4100　　網址:

印　　　刷：京峯彩色印刷有限公司（京峰數位）

　　本書版權為千華駐讀書堂出版社所有授權崧博出版事業有限公司獨家發行電子
　　書及繁體書繁體字版。若有其他相關權利及授權需求請與本公司聯繫。

定　　　價：250

發行日期：2020 年 04 月第一版

◎ 本書以 POD 印製發行